Teatro da Ruptura:
Oswald de Andrade

SÁBATO MAGALDI

Teatro da Ruptura: Oswald de Andrade

São Paulo
2004

© Sábato Magaldi, 2004

Diretor Editorial
JEFFERSON L. ALVES

Gerente de Produção
FLÁVIO SAMUEL

Coordenação de Revisão
ANA CRISTINA TEIXEIRA

Revisão
SOLANGE MARTINS
MARIA FERNANDA ALVARES

Projeto de Capa
VICTOR BURTON

Editoração Eletrônica
LÚCIA HELENA S. LIMA

Dados Internacionais de Catalogação na Publicação (CIP)
(Câmara Brasileira do Livro, SP, Brasil)

Magaldi, Sábato, 1927-
    Teatro da ruptura : Oswald de Andrade / Sábato
Magaldi. – São Paulo : Global, 2004.

Bibliografia.
ISBN 85-260-0918-4

1. Teatro – Brasil – História e crítica I. Título.
II. Título: Oswald de Andrade.

04-1149   CDD–792.0981

Índices para catálogo sistemático:

1. Brasil : Teatro : História e crítica   792.0981

Direitos Reservados
**GLOBAL EDITORA E
DISTRIBUIDORA LTDA.**

Rua Pirapitingüi, 111 – Liberdade
CEP 01508-020 – São Paulo – SP
Tel.: (11) 3277-7999 – Fax: (11) 3277-8141
e-mail: global@globaleditora.com.br
www.globaleditora.com.br

Colabore com a produção científica e cultural.
Proibida a reprodução total ou parcial desta obra
sem a autorização do editor.

Nº DE CATÁLOGO: **2497**

Teatro da Ruptura:
Oswald de Andrade

EXPERIÊNCIA INICIAL

A crítica, a pouca historiografia, o consenso geral consideram *Vestido de noiva*, de Nelson Rodrigues, o primeiro marco da literatura dramática moderna no Brasil, haurido no espírito da Semana de 1922. Esse ponto de vista passou em julgado, porque ao grande valor da peça se acresceu a admirável montagem de Ziembinski para Os Comediantes, estreada no Teatro Municipal do Rio de Janeiro em dezembro de 1943. Quanto a espetáculo – verdadeira realização do teatro –, esse juízo não pode ser discutido. Sob o prisma da dramaturgia, porém, cabe reivindicar a precedência da obra de Oswald de Andrade: *O rei da vela* (escrita em 1933 e publicada em 1937), *O homem e o cavalo* (1934) e *A morta* (1937). Muitas das inovações dos textos de Nelson Rodrigues já se encontram nos de Oswald de Andrade.

Por que esse desejo tardio de restabelecer a justiça histórica? Que importância terá esse reconhecimento, sobretudo se se admitir que teatro é espetáculo, e a peça *O rei da vela* só foi encenada em 1967? Em primeiro lugar, uma das funções do historiador é a de pesquisar as fontes, distinguir as linhas evolutivas da arte e esclarecer as coordenadas de um sistema, visando à iluminação de um processo. Oswald, no teatro como na poesia, no romance e no pensamento, foi um inovador radical, interessado na ruptura, para construir uma linguagem nova. Não tem sentido afirmar que ele se esgotou na demolição. Seu teatro inaugura uma arquitetura cênica inédita no Brasil. Se a imposição do Estado Novo, em 10 de novembro de 1937, não permitiu que a dramaturgia de Oswald se completasse no palco, e se não se pode mencionar uma influência direta dela em quem quer que seja, ao menos *O rei da vela* criou um clima em que, por coincidência, se verão elementos de *Vestido de noiva* e de vários textos de Nelson Rodrigues.

Como teatro é obra de equipe, supondo o encontro feliz de dramaturgo, encenador, intérprete, cenógrafo, figurinista e empresário, Oswald pagou o tributo de estar muito à frente de seu tempo. Um exame dos espetáculos realizados no Brasil, na década de 1930, permitirá concluir sem dificuldade que não havia lugar para serem montadas as suas peças. Dominaram as nossas encenações comédias de costumes costuradas ao gosto do público. Uma exceção havia sido, em 1932, a estréia de *Deus lhe pague*, de Joracy Camargo, mas espanta hoje o teor subliterário da obra. Depois do reinado de Leopoldo Fróes, falecido em março de 1932, firmou-se o de Procópio Ferreira, e seu gosto e sua orientação artística nada tinham a ver com o teatro de Oswald (Oswald de Andrade Filho contou-me, a propósito, que Procópio ficou horrorizado com *O rei da vela*, quando o pai submeteu o texto à sua apreciação, na esperança de que fosse encenado. No dossiê preparado para a imprensa pelo Teatro Oficina, em setembro de 1967, antes da estréia do espetáculo consta, porém, um depoimento de Procópio Ferreira, de que extraio as seguintes frases: "Em 1933 ou 1934, não estou bem certo, Oswald tentou o teatro, criando *O rei da vela*. Essa peça foi lida para mim e meus artistas no desaparecido Teatro Cassino, no Rio de Janeiro. A impressão dessa leitura foi a melhor possível. Ficamos todos entusiasmados e pensamos representar esse original. Mas esbarramos com um grande empecilho: a Censura. Se esse órgão controlador da moral teatral não permitia que pronunciássemos a palavra 'amante', como sonhar em levar à cena a peça de Oswald? Recuamos. O tempo passou. A peça foi para as estantes esperar seu dia. Será que chegou? Queira Deus que sim. Que ela receba os aplausos que merece são os meus votos"). Não encontrava eco, em meio à rotina do nosso palco, além das restrições da Censura, a revolução proposta por Oswald. Foi preciso esperar 30 anos, desde a publicação, para que *O rei da vela* irrompesse na montagem do Teatro Oficina, dirigida por José Celso Martinez Corrêa, como espantosa obra de vanguarda.

Experiência inicial

Até essa prova palpável da teatralidade de Oswald, ou não se acreditava nos valores cênicos de suas peças ou se esperava que elas fossem levadas para se fazer um juízo definitivo. Wilson Martins, no livro *O modernismo* (volume VI de *A literatura brasileira*, publicado pela Editora Cultrix em 1965), escreveu: "Deixo desde logo de lado o seu teatro (o de Oswald), cuja pretensa 'importância' alguns críticos modernos desejam afirmar. Nesse particular, creio que o julgamento definitivo foi expresso por Samuel Rawet" (p. 244). E Wilson Martins passa a citar o estudo *Teatro no modernismo* (Oswald de Andrade), incluído no volume *Modernismo – Estudos críticos*, organizado por Saldanha Coelho para a *Revista Branca*: "Oswald de Andrade, além da mudança formal, desejava atacar uma questão nunca presente em nossa dramaturgia: a luta de classes. Seu teatro, queiram ou não, é, por intenção, eminentemente político. Mas até que ponto vai a conseqüência de seus atos e idéias? (...) [As personagens] se fundem e combinam para produzir uma farsa gigantesca que o excesso de cerebralismo e uma alucinação individualista, amoral, levou a se frustrar no que ela poderia ter de principal: teatro" (p. 106 e 107). Mesmo em meu livro *Panorama do teatro brasileiro*, editado em 1962, a grande simpatia pelo teatro de Oswald não chegava ao ponto de arriscar-me numa sanção aberta. Eu ansiava, timidamente, pela experiência do palco. Na verdade, somente em 1964 tive a certeza da importância excepcional dessa dramaturgia. Convidado para pronunciar uma palestra na semana comemorativa do décimo aniversário da morte de Oswald (ele faleceu em 22 de outubro de 1954), reli as suas peças e fiquei fascinado. A conferência, realizada no dia 26 de outubro de 1964, no Teatro de Arena, foi ilustrada pelo elenco da casa de espetáculos, sob a direção de Paulo José, que participou da leitura de diversas cenas das peças de Oswald, com Gianfrancesco Guarnieri, Lima Duarte, Assunta Perez, Vânia Santana e outros. A extraordinária acolhida da platéia trouxe a certeza da eficácia cênica desse teatro. Dei, a seguir, um curso de um semestre sobre a dramaturgia de Oswald, na Escola de Arte Dramática de São Paulo. Quando o Oficina lançou *O rei da vela*, com um sucesso que se estendeu até a excursão do elenco pelo Brasil, em 1971, não era mais possível pôr em dúvida a excelência do texto. A posteridade fez a Oswald a justiça que ele não teve em vida. A única vantagem é que esse juízo costuma ser duradouro.

Antes da palestra no Teatro de Arena, tomei conhecimento de *Mon coeur balance* e *Leur âme*, peças escritas em francês (editadas em 1916 pela Tipografia Asbahr, de São Paulo), e pedi a Guilherme de Almeida, parceiro de Oswald, que me falasse da colaboração. Guilherme me recebeu em seu escritório da rua Barão de Itapetininga e, das notas que guardei, extraio alguns dados interessantes.

Lembrou Guilherme que Oswald estava casado então com uma francesa (Kamiá, mãe de Oswald de Andrade Filho). A convivência deles era muito francesa: "Falávamos em francês. Nós éramos muito franceses". Segundo Guilherme, Oswald nunca leu completa uma peça. Ele tinha uma "erudição intuitiva".

A idéia de escrever as peças em francês foi de Oswald – disse Guilherme. Explicou Oswald: "No Brasil não tem teatro ainda, mas, para ser universal, é preciso escrever em francês". Em cafés, no Guarani (que ficava na rua 15 de Novembro), jantavam, ceavam juntos. Era Oswald quem escrevia. As personagens começaram a existir, depois da improvisação. Foi tudo espontaníssimo. Eles dialogavam como se fossem as personagens. Depois corrigiram muito.

Durante a conversa, Guilherme pegou o volume e observou: "É uma revelação para mim reler estas cenas. Não me lembro de nada". Guilherme admitiu que *Leur âme* estava impressionada por Henri Bataille. E falou que os dois costumavam ler o Suplemento Teatral da Ilustração Francesa. Lá, tomaram conhecimento das peças de Maurice Donnay, Henri Lavedan, Robert de Flers, Octave Mirbeau (*Les affaires sont les affaires*), Bernstein (*Israel*). "Então Oswald lia teatro?" – perguntei. E Guilherme replicou: "As peças ele lia. Tomava conhecimento, pelo menos". (Não posso saber até que ponto a mágoa de Guilherme com Oswald permitiu uma isenção completa em suas palavras. No prefácio de *Serafim Ponte Grande*, Oswald escreveu: "O que me fazia tomar o trem da Central e escrever em francês era uma enroscada de paixão, mais que outra veleidade.

Experiência inicial

Andava comigo pra cá pra lá, tresnoitado e escrofuloso, Guilherme de Almeida – quem diria? – a futura Marquesa de Santos do Pedro I navio!" [segundo volume das Obras Completas de Oswald, publicadas pela Civilização Brasileira, p. 131]. Guilherme me afirmou ser difícil conviver com Oswald, porque ele era capaz de sacrificar uma amizade de longos anos por uma boa piada).

Perguntei a Guilherme se ele considerava simbolistas as peças em francês. "Sim" – foi a resposta. "Entre o simbolismo e o naturalismo." Guilherme e Oswald conheciam o teatro de Roberto Gomes, cujo clima acho próximo de *Mon coeur balance* e *Leur âme*: "Roberto Gomes era amigo de Freitas Vale. Por isso sabíamos dele".

Guilherme mencionou outros dados biográficos: nasceram ambos no mesmo ano – 1890 –, Oswald em 11 de janeiro, ele em 24 de julho. Seu encontro deu-se em *O pirralho*, o hebdomadário que Oswald fundou e dirigia. Os dois não pagaram a edição das peças em francês – deram o calote na tipografia. Oswald recebia tudo quanto é figura que vinha a São Paulo. Chegou a hospedar Frantz Fonson, autor da peça *Le mariage de Mlle. Beulemans*, de parceria com Fernand Wicheler (em *Um homem sem profissão*, livro de memórias e confissões, de que saiu apenas o primeiro volume, intitulado *Sob as ordens de mamãe*, Oswald menciona em poucas linhas a presença do escritor belga Fonson, vindo a São Paulo com os artistas franceses que conheceu no Hotel Moderne (p. 162). Guilherme emprestou-me o volume de *Le mariage de Mlle. Beulemans* (Ancienne Librairie du Nouveau Siècle, 4ª edição, Paris, 1911), a ele dedicado pelo autor – uma peça fraquíssima, sem o menor interesse teatral e literário).

Assinalou Guilherme a índole de Oswald para descobrir talentos. E sua vida sentimental atribulada. Guilherme e a mãe, entre outros amigos, testemunharam em 1919 o casamento de Oswald *in extremis* com Deisi. Outra aproximação dos dois se deve ao pai de Guilherme ser advogado do velho coronel Andrade, pai de Oswald.

Dessa conversa, ficou a impressão de que Oswald se iniciara no teatro com a co-autoria de *Mon coeur balance* e *Leur âme*. Não me ocorreu perguntar a Guilherme se ele sabia que Oswald

11

havia sido crítico teatral do *Diário Popular*, fato narrado de passagem em *Um homem sem profissão* (p. 89, 90 e 93). E, só em janeiro de 1972, Oswald de Andrade Filho me passou um caderno verde do pai, com o manuscrito inacabado de *A recusa*, drama em três atos, datado de março de 1913. Oswald não faz, no livro de memórias, nenhuma menção a essa peça, iniciada um ano depois da viagem à Europa. Parece que ele a esqueceu completamente, entre esses projetos que um dia se acalenta e depois não têm fôlego para se converter em obra concluída.

A título de curiosidade, darei uma informação sobre o original. São sete as personagens: Roberto Monteiro, que acaba de chegar da Europa, onde passou cinco anos; Clara de Castro, jovem que o esperou esse tempo, na esperança de que ele a pedisse em casamento; Joana de Castro, irmã de Clara e mulher de Clemente Siqueira; João de Souza, jornalista e amigo de Roberto; Marieta, amiga de Clara; e Martins, procurador de Roberto. Pequeno mundo, como se vê, destinado a fornecer os vários elementos do drama.

O primeiro ato passa-se no palácio do barão de Castro, pai de Joana e Clara. Na primeira cena, dialogam Marieta e Clara, para que sejam dadas as informações iniciais. Clara acha que Roberto não gosta mais dela: passou mais de dois anos sem lhe escrever uma carta. Depois, entram no palco Joana e Clemente, com os diálogos convencionais sobre a temperatura, até que um criado entrega um cartão, anunciando a chegada do dr. Silva e senhora (que não vêm à cena), pretexto para que o casal se retire. Clara prefere a presença de Marieta: "Não quero ir, é tão bom conversar...". E o diálogo prossegue, tratando da situação de Clara: "Deixei passar cinco anos da minha mocidade: hoje não tenho a mesma alegria que tinha, para ir aos bailes ou ao teatro". Marieta não concorda com a amiga: "Enfim, uma mulher não pode se sacrificar por um homem, isso a gente vê nos romances, nos cinemas, mas na vida!".

As informações se desviam, no bate-papo, para a situação econômica, problema importante nesse mundo burguês. Clara diz que, agora, está muito bem de fortuna. Marieta objeta que disso Roberto não faz conta. E Clara comenta: "Eu sei, ele é muito mais rico do que nós, mas eu estou te contando".

Experiência inicial

Antes que Roberto entre em cena, vem anunciar sua chegada o amigo João de Souza. Uma rubrica põe o leitor a par de uma intenção, que o diálogo propriamente dito não confirma: "Durante toda a cena que se segue, a prosa de Roberto encanta e faz rir. Clara conserva-se muda, olhando-o sempre". O mito da grande São Paulo surge no diálogo. Roberto ainda não viu a sua cidade: "Depois, no hotel, contaram-me que São Paulo está maior que toda a América do Sul... Preciso um ano e meio para percorrer a minha cidade...".

Uma técnica rudimentar de perguntas e respostas tem o objetivo de tornar amena a conversa, sem a preocupação de desenvolver uma ação dramática. Roberto observa, por exemplo: "Em Paris é extraordinária a graça com que as mulheres se vestem. Vocês três são as primeiras mulheres chiques que eu vejo depois de vinte dias". E ele quer saber alguma coisa do Brasil. João diz que o país não vai muito bem. Clemente distingue: "Exceção de São Paulo. São Paulo na ponta sempre. São Paulo aumenta dia a dia". Ao despedir-se, convencionalmente, Roberto alega que vai ao teatro. Joana discute: "Ora um parisiense como você não vem a São Paulo para ir ao teatro". E Roberto explica: "É um engano. Vou só para proteger a arte nacional". A saída de Roberto é também o fim do primeiro ato.

O segundo ato transcorre numa dependência do palacete que Roberto habita provisoriamente em São Paulo. Martins, o velho procurador de Roberto, fala-lhe de negócios e da cidade. Já naquele tempo o assunto eram as demolições e Martins observa: "O centro vai se transformar muito com as novas Avenidas e Viadutos. Aí é que São Paulo vai ficar enorme". Mencionam-se as terras do Paraná – outro mito do capitalismo paulista – e Roberto vê o lugar como ideal para um castelo perdido: "... Depois, dançarinas, muitas dançarinas... o dia inteiro dançarinas". Não se pode esquecer que, nessa época, Oswald já havia conhecido a bailarina Landa Kosbach (pseudônimo de Carmen Lídia, que depois se assinou Maria Carmen Brandão, segundo me esclareceu o escritor Paulo Mendes de Almeida), que fora estudar no Scala de Milão e se tornaria eixo de episódios mirabolantes na vida do escritor. Na conversa, o "parisiense" Roberto diz que alimenta nostalgias de ser bruto...

Ter músculos, correr a cavalo pelas manhãs geladas são a primeira forma de um sentimento nacional, distinto da civilização européia.

Quando Roberto e João ficam sós, Oswald se preocupa em pintá-los por contraste. João, da vida, pretende ser diretor do jornal, e não aceita que Roberto o considere um temperamento resignado: "Resignado porquê sou feliz, decerto que não hei de me revoltar porque sou feliz". Roberto tem uma tirada sobre Paris: "... Paris é a cidade que vocês detestam... vocês os moralistas... porque lá se tem a coragem de viver como se quer... como se nasceu para viver, afirmando ao ar livre convicções, manias, doenças, vocações desgraçadas ou sublimes! Porque é a cidade que não tem vergonha de ser humana... onde há gente que não teme o ridículo de ser apaixonada por qualquer coisa até a loucura e o suicídio...".

O debate sobre Paris está riscado no manuscrito, indicando que o próprio Oswald não se convenceu com os seus termos, antes de tese que de drama. João ataca o adultério, a falta de disciplina em Paris, e Roberto diz que é "a única cidade da terra onde ainda se possa viver uma vida sincera". Nós, segundo Roberto, não temos a dissolução de Paris, ao que Roberto replica: "Vocês são os honestos. No entanto, eu mesmo estou esperando aqui uma das vossas esposas exemplares, que me deu *rendez-vous*...". Roberto não tem a discrição de omitir o nome da visitante: é sua prima, Joana, irmã de Clara, que suspira pelo seu pedido de casamento...

João considera infame o amigo, o qual utiliza a réplica para desferir o ataque contra a sociedade, responsável por situações como essa: "Infame... infame foi quem inventou os vossos casamentos. Ela se casou por qualquer coisa menos que por amor – a única força que legitima e torna sagrada a ligação do homem e da mulher...". "Nesse tempo, ela me amava... mas, se eu quisesse casar-me com ela, impedir-me-iam... eu estava reservado para Clara. É desse modo que a vossa admirável sociedade tece os destinos... Casando-se sem amor, ela que era uma grande amorosa, prostituiu-se... a sociedade mandou que ela se entregasse a um homem que não amava..."

Não pára aí o ataque de Roberto. Ele não se importa que Clemente venha a saber do adultério: "O que é importante é que a

Experiência inicial

canalha não saiba". O motivo não é dos mais nobres: "Os maridos da vossa admirável sociedade só fazem barulho quando a honra deles é arrastada até a praça pública. "O escândalo eles sabem contê-lo dentro d'alma, até esse dia. E como eles torcem para que não chegue essa hora! Como eles condescendem com a própria miséria e abdicam dos seus direitos à desforra – até o dia da chasqueada pública."

João mostra o reverso da medalha, isto é, o significado da vida comum. Ele fala a Roberto: "Tu não poderás nunca compreender a normalidade da vida. A vida sem os sensacionais como tu, gira boamente atrás do interesse. O interesse que se tem em esconder uma desonra...". "Tira os casos excepcionais que são criados pelas pessoas excepcionais, e o que fica? O grande rebanho. É desse modo que a humanidade se regula, no casamento, por exemplo, pela necessidade que têm homens e mulheres de se aturar, de formar pequenos agrupamentos, de ter hegemonia por menor que ela seja, de ter a sua casa enfim, de ter quem discuta e envaideça as suas opiniões e manias. É isso o que compõe os lares da maioria, e nisso está mesmo a felicidade da maioria."

Terminado o debate de idéias, o criado anuncia a presença de Joana. O mal-estar da situação ela disfarça com a saída convencional: "Eu vim porque o meu dentista foi para o Interior". Os novos amantes têm dificuldade para se exprimir e a cena é curta: baixa o pano quando Roberto beija a nuca de Joana, à maneira de um livro de ilustrações que folheavam.

O terceiro ato volta ao cenário inicial – o pequeno salão no palácio do barão de Castro. Clemente diz que Roberto precisa ser interpelado: ele não fez o pedido de casamento a Clara "por falta de hábitos sociais"... Clara tem medo de um vexame. Joana examina com realismo o caso: "Roberto não deu nunca a sua palavra. Ele apenas namorou Clara, mas daí a compromissos sérios...". Clara alega que Roberto falou muitas vezes em casamento e Joana atalha: "Quando vocês brincavam de comadre". Clara diz que a irmã é má: "Não sei por que você não quer que eu me case". A última réplica do manuscrito é de Joana: "Eu! Não querer que você se case! Pouco me importo!". Nenhuma outra indicação há de como Oswald pretendia concluir a peça. O diálogo encaminhava uma divergência entre as irmãs, inevitável pela rivalidade no amor a Roberto. Mas só se pode conjeturar a respeito do desfecho. E até mesmo do significado do título – uma recusa que poderia nascer de várias personagens e situações.

O primeiro ato tem 11 folhas ou 22 páginas do caderno, mais oito linhas, sendo que a página se compõe de 22 linhas. O segundo ato é menor: nove folhas ou 18 páginas, mais nove linhas, sem se descontarem as numerosas falas riscadas. E o terceiro ato não chega a estender-se por uma folha completa: interrompe-se depois de uma página e 15 linhas. Apesar da fragilidade da composição, é de se lamentar que Oswald não tenha concluído a peça, que valeria ao menos como documento de seus 23 anos.

Talvez esse texto e as duas peças em francês sejam a primeira manifestação do ficcionista que realizaria, a partir da década de 20, a revolucionária obra de romancista, poeta e dramaturgo. E interessa examinar *A recusa* na medida em que prepara a visão futura do escritor.

Não será exagero afirmar que o manuscrito contém algumas das verdades que se confundem com certas premissas da Semana de Arte Moderna de 1922. De um lado, o viajante que retorna à terra pretende atualizá-la pelas conquistas européias – a ética parisiense avançada, que vê no amor o único motivo para a união do homem e da mulher. A luta contra o vazio da literatura passadista, presa a uma forma oca e aparatosa, seria um dos motivos mais nobres de Oswald de Andrade. E, de outro lado, esse "parisiense" sabia que "precisava deixar Paris" e satisfazer no antropófago a "nostalgia de ser bruto". O "proteger a arte nacional", que leva Roberto a ir ao teatro, mal chegado de Paris, representa bem a vontade de construir algo novo no Brasil, como seria a tarefa de Oswald em toda a vida. *A recusa* já lança, assim, a dualidade universal-nacional, cuja dialética explica a obra inteira do escritor.

Ao "idealista" Roberto, que não se importa de destruir a convenção de um casamento sem amor, a peça contrapõe o "realista" João, em quem o dramaturgo pinta o jornalista inteligente mas de visão tradicional. O individualista Roberto tem pela frente João, o homem do grupo, da sociedade, da tradição, que acredita nas normas convencionais não como força coercitiva, mas de ordem e paz. O raciocínio de João lembraria o de um jesuíta: "O casamento não precisa ser guiado pelo coração para fazer a felicidade de dois entes". Ele não pode aceitar Roberto, que encarna um princípio desagregador e anarquista.

Um propósito de verossimilhança psicológica anima a pintura das várias personagens. Clara é bem a moça brasileira tímida e submissa, que espera cinco anos a volta do amado, presa a ele por um vago e insubsistente compromisso. Oswald não quis que Marieta surgisse em cena apenas para dar a réplica à amiga Clara. Envolve-a numa aura de mistério, com vários pretendentes indefinidos. Marieta fala em seu gênio de brincar com todo o mundo e Clara objeta que, se ela continua "dando tábua", "ninguém mais tem coragem de te pedir...". Ela, como Clara, espera alguém, que não se identifica para o leitor, no texto preservado. Pelas normas habituais de composição dramática, Marieta deveria surgir de novo no terceiro ato, quando então se revelaria o seu mistério, que permaneceu insolúvel no manuscrito.

Joana é a mulher que, unida sem amor a Clemente, não se peja de buscar a felicidade em Roberto, mesmo que assim destrua a esperança da irmã. Se o primeiro ato é construído em torno de Clara e o segundo em função de Roberto, é possível que o terceiro pusesse Joana no centro dos acontecimentos. Seus motivos não estão ainda suficientemente desenvolvidos nos dois primeiros atos. Quanto a Clemente, depois de um galanteio a Marieta, desaparece do palco, para só retornar na última cena do primeiro ato, onde dá uma deixa que não torna inverossímil a próxima infidelidade da mulher. Diz Clemente: "Eu precisava bem de ficar branco, Joana não gosta de caboclo e eu sou um pouco. Estou vendo que vou para Paris". (Roberto havia falado, antes dessa réplica, que "Paris embeleza a gente e lava sobretudo... eu voltei branco".)

As hipóteses formuladas por Roberto, com João, a respeito de como reagiria Clemente ao saber do adultério da mulher, não estão confirmadas no texto, que se interrompe antes de se encaminhar o problema. Somente aí se conheceria o comportamento de

17

Clemente e se aclararia seu perfil psicológico. A interrupção da peça, se deixa em suspenso o juízo sobre o casal Clemente-Joana, do ponto de vista ético, ao menos lhe é desfavorável sob o prisma dramático. A essa altura já se conhece um pouco mais de dados a respeito dos outros protagonistas – Clara e Roberto.

A presença do procurador Martins na primeira cena do segundo ato tem a função de mostrar o *status* econômico de Roberto, além de oferecer uma idéia sobre os melhoramentos de São Paulo e os negócios no Paraná. Modesto, cumpridor dos deveres ("Eu estou às suas ordens dentro da minha competência"), Martins representa no entrecho a figura do homem honrado, trabalhador quase anônimo que valoriza o instrumento da procuração. Provavelmente Martins não voltaria mais à cena, depois dessa rápida aparição, porque está esgotado seu papel auxiliar na trama. Só ele, como porta-voz do mundo objetivo dos negócios lá de fora, rompe a simetria das combinações de duas a duas personagens.

Clara havia mandado chamar Marieta, antes de abrir-se a cortina, para a troca de confidências tendo como centro Roberto. As duas amigas revelam psicologia diversa e se definem um pouco por contraste. Um contraste mais acentuado se observa no diálogo da outra dupla de amigos – Roberto e João –, que preenche praticamente o segundo ato. Finalmente, a terceira relação de duplos é a do próprio casal Joana-Clemente, em que o contraste no comportamento deveria aprofundar-se nas cenas que Oswald não chegou a escrever.

Esse esquema de composição, se nasce de um instinto legítimo de ficcionista, que se apóia nos contrastes para desenvolver o diálogo, trai, por outro lado, uma pobreza dramática, um quase primarismo no domínio do veículo teatral. Ibsen, discípulo de Scribe e Sardou, na preparação da *pièce-bien-faite*, aprimorou o conceito da *pièce-à-thèse*, em cuja armadilha ele próprio não chegara a cair, pela genialidade da força de ficcionista. Desvitalizada de uma humanidade autêntica, a tese converte o conflito em conversa, e *A recusa* padece sem dúvida desse mal. A estrutura da peça é feita de uma sucessão de bate-papos, em que há um ou outro momento de interesse dramático. O ficcionista

Oswald, que se caracterizaria depois por uma síntese admirável, cheia de iluminações geniais, ainda estava verde.

De qualquer modo, o diálogo é quase sempre rápido, incisivo, sem as tiradas oratórias que comprometiam grande parte do teatro brasileiro da época. Oswald já mostrava a intuição de fazer no palco um verdadeiro pingue-pongue, que vinha da melhor escola nacional de Martins Pena e nada tinha a ver com as longas réplicas estáticas do simbolismo, em que o ator era mais um pretexto para se ouvir uma literatura alambicada, destituída de ação. Como curiosidade, ainda, vale a pena anotar a luta que já se travava em Oswald entre a linguagem coloquial e a gramática. No manuscrito, vê-se que foi grafado primeiramente: "O Clemente elogia muito ele". Depois, *ele* foi riscado e introduziu-se o pronome *o*, antes do verbo. Prevaleceu a forma correta: "O Clemente o elogia muito". Mas essa hesitação, em 1913, dá a medida da luta que Oswald empreenderia mais tarde contra o jugo das regras gramaticais.

Tive oportunidade de ler outra peça incompleta de Oswald: *O filho do sonho*, drama em três atos. Na capa amarelada do caderno, está registrado: "Scripsi Janeiro-Março 1917 – São Paulo". Numa página interna, uma data mais precisa: "São Paulo – 3 de março de 1917 (Depois da missa em Lourdes)". Original, portanto, posterior a *Mon coeur balance* e *Leur âme*, publicação de 1916. *Um homem sem profissão* não menciona também esse projeto malogrado de teatro. Encontrei o caderno em meio a uma grande caixa com os papéis de Oswald, que sua filha Antonieta Marília me permitiu examinar e me emprestou, antes que a confiasse em depósito ao Instituto de Estudos Brasileiros. Lamentavelmente, desse manuscrito conservam-se apenas os dois primeiros atos, achando-se arrancadas as folhas depois da de número 91, quando se encerra o segundo ato. Pode-se ver, como no caso de *A recusa*, que Oswald teve dificuldade em encontrar o desfecho, depois de propor o conflito. Não é pouco comum esse problema na dramaturgia brasileira.

O filho do sonho é maior que *A recusa*. O primeiro ato compõe-se de 25 folhas ou 49 páginas e nove linhas, sendo que, nesse caderno, cada página tem 23 linhas. Dezoito folhas ou 35 páginas e dez linhas formam o segundo ato, um pouco menor do que o primeiro, diferentemente das composições habituais, em que no início um tema é apenas apresentado, e o desenvolvimento, a seguir, exige maior tempo. Oswald procurou também movimentar número superior de personagens – 17 são as *dramatis personae*. E Oswald assim as caracteriza: Júlia – 23 anos. Um anjo; Antônio – 27 anos. Cabeça do casal; Rodrigo – 27 anos. O amigo. O bom amigo; Julieta – prima de Júlia. Uma vocação de freira. Trinta anos; D. Maria Benzamat – uma amiga. É solteira. É quarentona; Pereira – guarda-livros mumificado pela secura da existência. Chamam-no "O Bacalhau"; Carlos – amigo de infância de Antônio; Miguel – íntimo de Rodrigo. Um caipirão no asfalto; Filomena – a dona do cabaré; Loulou – *c'est la fille de joie*; Tereza – cantora lisboeta; um criado – grandes pés. Espírito pequeno; um garção – é fraco. Tem olhos de notâmbulo; Jacqueline, Fifi, Pepita – pessoal do cabaré; e Adão – o velho servo que carregou xxx (não consegui ler no manuscrito e Oswald Filho também não decifrou a letra do pai) ao colo. As indicações prosseguem: "O drama passa-se em São Paulo. O primeiro ato em casa de Antônio. O segundo num cabaré do centro. O terceiro (que foi rasgado do original) numa chácara com terraço sobre a cidade distante. Atualidade".

    A peça, embora pague um certo tributo ao mau gosto, que não se coaduna com o rigor literário de Oswald, tem liberdades e ousadias que parecem mais próximas do escritor modernista. Ainda aqui, o tema é a crise da organização da sociedade burguesa, vista através da crise de um matrimônio. Logo na primeira cena, destinada a introduzir as personagens, Pereira sustenta: "O amor não existe". E explica ter casado por capricho. A mulher disse que não se casava com um caixeirinho (ele ainda não era guarda-livros), e Pereira fez questão do matrimônio. Essa é deixa para Carlos fazer a primeira observação filosofante: "Você nasceu guarda-livros, Pereira. Para você a vida nunca passou de uma grande casa de negócio onde se entra, se sobe de emprego ou se é demitido. Você escritura...". Pereira, com 55 anos, concorda com o juízo: "Quem se comporta, vence, ganha a estima dos patrões, quem se relaxa, vai para (o) olho da rua". O próprio Adão fez asneira. Quando lhe perguntam por que, Pereira argumenta, sentencioso: "A paixão é um jantar sem carne...". Toda a ironia que Oswald possa ter empregado na caracterização de Pereira não justifica esse gênero de frases... Dr. Teles, judicioso, fornece uma explicação pretensamente científica: "... o amor existe em nós como fenômeno físico. Ninguém pode a ele escapar. É a irritabilidade do protoplasma". Carlos conta que, aos 15 anos, amou a vizinha da frente, e desde então ficou imune a outra paixão: "Não me comovem as mais angustiosas histórias do coração". Dr. Teles vai ver a sua doente – Júlia, a dona da casa –, que não se deixa examinar. D. Maria diagnostica: são nervos. Dr. Antônio não é o ideal dos maridos... Aliás, há um ano o procedimento de Antônio é inteiramente indiferente a Júlia, que se queixa das torturas sofridas. O médico pergunta se Antônio continua a vida de divorciado e D. Maria acha que ele foi indiscreto. Dr. Teles levantou o problema apenas para afirmar que "a coisa me cheira a bebê novo...". A primeira cena fecha-se sobre um suspense: como bebê, se marido e mulher estão separados há um ano?

Na segunda cena, menciona-se o Sr. Rodrigo, que Pereira qualifica de "consolador" de Júlia. D. Maria diz que "as mulheres precisam dessas amizades desinteressadas na vida..." e, na sua ingenuidade, sentencia: "Parece uma mulher aquele moço!". Embora Júlia durma em quarto separado de Antônio e ele chegue em casa alta madrugada, D. Maria não admite que Pereira suspeite da conduta dela com Rodrigo. Pereira objeta: "... Eu não estou levantando suspeitas sobre a filha do meu velho amigo Torres. Sei que pelos seus princípios, pela sua educação, pela sua tradição de família a Julinha seria incapaz de trair o mais vil dos maridos. Sei muito bem disto. Mas conheço a vida, tenho experiência das coisas deste mundo. A verdade é que a intimidade nesta casa desse Sr. Rodrigo ainda há de causar um duro desgosto a toda gente". A razão do temor é a maledicência: "Cuida a Sra. que não se repara na cidade neste interesse do Sr. Rodrigo pela mulher do Dr. Antônio? E crê a Sra. que não se dizem já coisas muito desagradáveis?". Pereira acredita que "contra as calúnias do mundo não há defesa". E conclui: "Há uma opinião que a gente faz da gente e outra que os outros fazem, esta última é a que vale".

O horário, as obrigações exigem que Pereira e Carlos saiam para o escritório e assim D. Maria e Julieta possam conversar com mais intimidade. Julieta, um momento, lastima a sorte de Júlia, chamando-a "Pobre irmã!". Mas, na relação inicial das personagens, está riscada a palavra "irmã" e sobre ela foi posto "prima". O novo parentesco é de fato mais adequado para a relativa intimidade de Julieta e Júlia, e para um certo distanciamento necessário. D. Maria pergunta se Júlia e Rodrigo foram quase noivos e Julieta esclarece: "Júlia e Rodrigo? Não. Desde criança, uma grande amizade sempre os uniu. Parece que Rodrigo pretendia, mas não teve a coragem de pedi-la antes de partir. Demorou-se na viagem. Estudou longo tempo na Europa toda, divertiu-se coitado! E o outro veio. Ela... uma tolinha, uma sentimental, uma inocente... Casou-se por amor". Julieta continua a dialogar como se fosse irmã de Júlia, referindo-se a "papai", em vez de "titio".

O propósito agora é o de preparar a entrada de Antônio, para cuja caracterização talvez Oswald tenha aproveitado o primeiro marido de sua mãe, cujo casamento foi anulado pelo Vaticano. Diz Julieta: "Papai também nunca soube reagir contra as sugestões, as influências, o moço era bom, recomendava-o o Dr. Castro Vieira, um ministro do Tribunal! Não podia deixar de ser um ótimo partido...". Escreveu Oswald em *Um homem sem profissão* que sua mãe "foi solicitada para casamento por um rapaz do Interior. Esse sujeito apareceu blindado da melhor recomendação que podia ser exibida a meu avô. Um mestre do Direito, amigo íntimo do velho, professor e jurisconsulto, além de tudo chefe de numerosa família, escudava a pretensão" (p. 65). Na história real, o marido da mãe de Oswald não havia consumado o ato conjugal – não o permitia uma amásia terrível. Na peça, a situação é mais realista: Julieta descreve Antônio como "um tipo estranho, incompreensível, capaz de grandes dedicações, de heroísmos, e faz isso com naturalidade, sem prestar atenção... Eu vi quando Júlia adoeceu o ano passado... Treze dias e treze noites à sua cabeceira. No fim, o coitado dormia em pé...". Julieta pensa que Antônio nunca amou Júlia: "Não sei, ele não é mau, é estranho, teve um passado barulhento no Rio, quem sabe se alguma desgraça profunda, capaz de o tornar absolutamente indiferente às coisas da vida...". D. Maria não tem essa boa vontade. Para ela, Antônio é um péssimo marido e um péssimo homem: "Eu não me engano nestas coisas... Aquele riso cínico que ele tem!". Júlia não contará agora nem com a proteção do pai, que lhe escreveu de Lisboa, dizendo que voltará à França e só estará em São Paulo "nestes seis meses".

Oswald utilizou a técnica tradicional de despertar curiosidade pela personagem, antes que ela entre em cena. Chegou a hora de Antônio surgir no palco, para que os espectadores completem a imagem esboçada nos diálogos preparadores. Como o Dr. Teles não deixou dúvidas sobre a gravidez de Júlia, Antônio fala cinicamente sobre a sua condição de pai. Sugere que não pode ser o pai, porque está há um ano separado da mulher. Julieta afirma que ele repeliu o amor de Júlia "com aquela brutalidade que eu presenciei...". Ele quebrou o afeto real, a afeição admirável da mulher. Antônio qualifica essa afeição de "egoística, intransigente, absurda" e, como Julieta objeta que toda paixão é assim, ele afirma que não se casou para isso. "Para que então?" – pergunta Julieta. E Antônio replica: "Para ter alguma coisa de meu, afinal!". Antônio lamenta que nunca teve nada seu. E, na sua mágoa, faz uma confissão incompreensivelmente subliterária: "Sim, porque meu eu consideraria só o que fosse em absoluto e eterno meu, meu! Ah! O mundo é uma casa de antiquário, tudo partido e velho, tudo já visto por outro, já tocado por outros! Dá-me nojo!". Estaria Oswald criticando o sentimento de propriedade? Mas Antônio não se esgota nessa perspectiva menor. Seu ressentimento é o de quem, por uma falha do destino, se sentiu roubado de uma missão superior. Ele cita um verso espanhol que poderia servir-lhe de epígrafe: "Todo homem é infame que não podendo ter o mais, com o menor se contenta...". Antônio confessa-se: "O meu excesso de vontade fez-me o mais desgraçado dos homens. No entanto, não sou anormal. Sou o homem, por excelência – o animal devorado pela sede de perfeição, de complemento, de absoluto...". Não será difícil reconhecer nessa réplica o Oswald que anotou em *Um homem sem profissão*: "Eu sempre fora um rebelado, um estranho leitor de Dostoiévski, que ligava à prepotência de Nietzsche. Esses dois

gênios tinham presidido à minha formação intelectual" (p. 123).
Não será difícil, também, estabelecer um parentesco entre *O filho do sonho* e os romances *Os condenados* e *Estrela de absinto*.

Julieta deseja "converter" Antônio e, quando ele se confessa mau, ela explica: "Quem diz isso com essa franqueza de confessionário não pode ser mau como pensa...". Julieta procura convencê-lo das graças da paternidade, quando Antônio objeta que é provável que seja o pai. Nesse ponto, entra Júlia e Julieta comenta que o fato de não se dar o casal não exime um e outro de deveres: "Pensam vocês que não se percebe por aí e não se comenta essa vida de freira que Júlia leva, ao lado da vida excessiva de solteiro que leva você, Antônio...". Depois, com um pretexto banal, Julieta sai de cena, e o casal pode dialogar sozinho.

O início da conversa é hostil: "Eu preciso somente que você me deixe morrer em paz, no meu canto..." – diz Júlia ao marido. Antônio fala que tem sido de uma correção e de uma linha, nesse caso, que não admite a menor censura. Insinuando o adultério da mulher, ele afirma: "Eu, como em toda história igual a esta, fui o último a notar, o último a abrir os olhos, o último a ver... A minha despreocupação, os negócios na cidade, os amigos que me distraem... É sempre assim. Aliás, eu sempre fui um homem confiante e generoso...". Antônio mostra-se logo mais claro: "... essa convivência diária de um ano... com um rapaz que não é meu íntimo... que por conseguinte não devia ser nunca nosso íntimo... Instalou-se aqui... ficava até altas horas... (...) Este moço introduziu-se pertinazmente em minha casa, para se tornar o patrão, sim, o patrão... Era o amigo da senhora, o confidente, o consolador da sua pobre existência... O consolador... Enfim, não tenho o direito de me alterar agora, pois que aceitei tudo isso, aceitei conscientemente... quis isso tudo... Afinal que me importava esta casa e a sua vida? Que me importava a mim?". Júlia admite que, depois do desespero com o marido, construiu a sua vida, sem sombra de mal. Precisava de companhia, de apoio... Antônio fala de amor e Júlia diz que não amou: "A isso se opunham os meus princípios antes de tudo, a honra do meu nome, a minha família, a minha religião! Oh! Podia ser ainda pior do que é, pior, ouviu? E eu não o trairia nunca! Porque não sou a mulher que pensa, não!". Definindo-se como presa à convenção, à rigidez de princípios, Júlia completa o raciocínio: "Sou honesta não por si, mas por mim mesma, por um dever rudimentar para comigo mesma, para com os meus pais, para com os meus antepassados...".

Antônio menciona uma noite, a noite do terceiro aniversário de seu casamento, em que a deixou sozinha. O que se passou nessa noite será a explicação para tudo. Antônio conta que alguém penetrou onde estava Júlia, antes do sono. Ela teria dito: "Sou tua!". No manuscrito está riscado onde Júlia admite que teve um sonho. Mas permanece intacta a réplica de Antônio: "Um sonho sim, donde resultou esta situação vergonhosa, infamante!". Está claro que ele tenta, a todo custo, sugerir que Rodrigo foi o visitante daquela noite, o responsável pela gravidez em que Júlia não acredita, apesar do diagnóstico médico.

Rodrigo chega, para a visita habitual e para esclarecer essa dúvida. Júlia quer saber com insistência onde ele esteve naquela noite. Na pergunta, explode toda a sua paixão refreada. Apesar das reservas morais, ela gostaria que Rodrigo tivesse praticado a infâmia, a tivesse possuído no sonho. Suas palavras não deixam dúvidas: "É difícil dizer, é doloroso e é delicioso ao mesmo tempo, é terrível e bom, é uma vilania mas é também uma vingança, uma libertação, uma aleluia divina... Diga, Rodrigo, a verdade toda, mesmo contra si e contra mim, contra o caráter e contra a minha honra, diga Rodrigo, diga!...". A resposta prosaica de Rodrigo é uma ducha fria em Júlia: foi uma triste noite para ele, passou-a no clube... O diálogo confirma uma cumplicidade estranha entre os dois, feita de amor, de compromisso afetivo, mas de abdicação consciente, por causa dos vetos sociais. Rodrigo não quer que seja verdade a gravidez de Júlia... Quando Antônio, entrando de novo, lhe lança a novidade do filho, Rodrigo diz já saber, e sai com ele. Júlia desmaia, só. Oswald, que pinta a tortura cínica (e metafísica?) de Antônio, é capaz também de descrever a delicadeza do sentimento de Rodrigo e Júlia.

O segundo ato passa-se numa saleta reservada de cabaré noturno. Aí, Oswald, para não introduzir artificialmente o conflito que pretende fixar, não negligencia as personagens próprias do meio, sem se perder também no excesso de cor local. Tereza, a cantora lisboeta, vem na primeira cena dialogar com Rodrigo e Miguel, e informa que no dia seguinte vai ensaiar uma opereta nova no Apolo. Na segunda cena, sós, Miguel pergunta a Rodrigo por que o arrasta todas as noites para lá. Rodrigo diz que chegou a pensar em suicídio. E confessa, abertamente: "Amei como ninguém mais ama... Sonhei coisas incríveis, realizei coisas nunca havidas...". Não cuidou nunca seriamente no marido de Júlia, a não ser no começo, quando sentiu ciúmes. Rodrigo tem certeza de que depois o dominou no coração de Júlia. Quando Rodrigo voltou da Europa, Júlia percebeu o engano do seu matrimônio com Antônio. Rodrigo conseguiu, então, esse "remendo de ideal" na situação com ela. Miguel pergunta por que Rodrigo não se casa, apenas para que ele diga: "Depois que mulher satisfaria o que ela não pôde satisfazer...". Rodrigo não aceita a gravidez de Júlia, depois de um ano de separação do marido: "Porque realmente ainda era ter qualquer coisa tê-la assim, sem me pertencer, mas também não pertencendo a outros...".

O clima de intimidade é rompido pela chegada espalhafatosa de Lola e um burguês – Oswald não quis nem identificá-lo, preferindo mantê-lo nessa qualificação genérica, eivada de desprezo. Ele se assusta com o pedido de champanha: "Olha, o café este ano não sai da fazenda...". A preocupação de economia do burguês afasta Lola para a mesa de Loulou e do coronel, e ele fala: "Anda tudo em crise até a vergonha, eu um pai de família!". O comportamento do burguês leva Rodrigo a exaltar-lhe a alma singela de caixeiro-viajante, feliz no cabaré, enquanto ele é o complicado que é... Miguel, temperamento diferente, acha que fatiga tudo que é postiço e diz que, terminando os estudos, volta para a roça.

Rodrigo menciona ir para o Oriente, onde viverá solitário a sua paixão: "Levarei para lá a minha grande história oculta... serei o forasteiro estranho e indecifrável, viverei só... Depois toca a viajar, hei de adotar o tipo do velho inglês de casquete, fazedor de *tours du monde*... Morrerei estrangeiro e anônimo num hotel de país esquisito". Romantismo de apaixonado, sem dúvida, em conversa de cabaré. A seguir, Loulou, cantando "Je suis le coco de Chicago",

Experiência inicial

dá a cor local ao cabaré, e permite a Rodrigo observar: "Enfim, essa ainda nasceu para o *métier*. É um temperamento, mais, uma vocação...". E o ambiente estimula o desfiar das confidências, a narrativa das longas caminhadas noturnas, dos pesadelos. Rodrigo sabe que Júlia o ama e continua a não entender como ela está grávida. Conta, finalmente, a Miguel: "Quando voltei, pela última vez, à sua casa, para exigir a significação daquela frase que me matara – Não sei o que se passou... ela estava agitadíssima, falou-me num sonho que teve... Soube depois por Julieta, que esse sonho se passara comigo... E de fato, ela estava grávida...".

Poucas notícias Rodrigo tem sabido de Júlia. Apenas que Antônio a maltrata, a insulta, a martiriza. E que o odeia. Mas como defendê-la? E por que razão? De novo o burguês e Lola cortam o clima de confidência, ela chamando-o de "buro", e ele dizendo que perdeu tudo no jogo – está sem nenhum. Lola pede vinho do Reno, o burguês acha caro demais, ela insiste para que o garçom o traga. As réplicas que se seguem, com a presença de Tereza, têm por objetivo mostrar a atmosfera despreocupada do cabaré, até que chegue novo grupo, de que Antônio é o centro. Pereira informa a Carlos que está lá Rodrigo. Carlos não dá importância: "Não faz mal. Antônio está bêbado que não enxerga mais nada". Loulou exclama "Vive la joie" e pede champanha. Miguel, vendo que todos se acham bêbados, diz a Rodrigo para irem embora. Loulou chama o burguês de "mon vieux gigolo" e ele não aceita o epíteto: "Que gigolô nada! Michet e graças a Deus, como todo homem que se preza...". Carlos pergunta quem foi o primeiro "michet" da terra e Pereira diz que foi Adão. Antônio atalha: "Foi Michelet! Michelet!". Além desse trocadilho fácil, Oswald não recua ante outra brincadeira de proposital mau gosto. Antônio "agarra Loulou, levanta-lhe um braço, chega o rosto sob a axila, depois imita um espirro: Ih! Que cheirinho de queijo!". Se, hoje em dia, tendemos a estranhar uma cena desse gênero, ela deveria parecer muito mais chocante em 1917. Mas já sugere a irreverência de Oswald e a sua recusa do bom comportamento convencional. Oswald sempre teve o talento de ferir as nossas suscetibilidades delicadas...

O diálogo continua animado, brincalhão, irresponsável. "Eu hoje perco a compostura" – fala Pereira. E Carlos lhe diz: "E amanhã passa descompostura nos empregados...". Tereza quer cantar um fado. Novo pretexto para trocadilho: "Eu não quero que você cante, porque sai um mau fado..." – comenta Carlos. E Tereza rebate: "Mau fado tem você...". Antônio continua a brincar com Loulou, ela perde a paciência, corre atrás dele. Na corrida, Antônio esbarra em Rodrigo, e tem início o conflito capital do segundo ato. Antônio, depois de sentado, insulta Rodrigo, chamando-o de "miserável". Quer partir-lhe a cara. Seguram-no. Rodrigo continua impassível na sua cadeira: "Deixem-no vir! Eu o espero há muito tempo...". Antônio chama-o de "canalha". Rodrigo não fica atrás: "Não repita! Infame!". Loulou consegue que Antônio se sente de novo e ele pede mais champanha. Pereira diz que não bebe nunca mais. Miguel paga a sua conta e a de Rodrigo. Antônio pergunta ao garçom quanto é a despesa de Rodrigo e Miguel. Como o garçom informa que já está paga, Antônio diz a Rodrigo que precisa falar com ele. Rodrigo põe-se às ordens do rival e atira-lhe um cartão com o seu endereço. Antônio precisa falar já: "Eu tenho um segredo... para esse bandido...". Em meio à bebedeira, exclama que sua mulher não é séria. Depois, levantando-se de um salto, berra para Rodrigo: "Queres saber? O filho é meu! É meu! (Carlos o segura e afasta. Ele se deixa levar até a cadeira) É meu! É meu!... Ela não sabe de nada... ninguém sabe... é meu! Foi na festa do aniversário. Ela estava bêbada quando eu cheguei... ninguém viu, ninguém sabe... eu entrei...". Rodrigo joga-se sobre Antônio e, chorando, insulta-o: "Basta, infame! Basta!". Miguel consegue arrastar Rodrigo para fora do cabaré e a cortina desce.

Nesse ponto interrompe-se o manuscrito, restando apenas a indicação inicial de que o terceiro ato teria como cenário uma chácara com terraço sobre a cidade distante – residência da família de Júlia. Que poderia suceder, no desfecho? Não era fácil para Oswald concluir *O filho do sonho*, peça estruturada como melodrama, ao gosto bem francês de fins do século XIX e inícios do século XX. A essa altura, está claro o sentido do título, bastante irônico, por sinal. Antônio, dizendo a Rodrigo que o filho é seu, concebido em

Experiência inicial

circunstâncias que o definem como vilão, pôde vingar-se do amor platônico da mulher pelo rival. Rodrigo, por outro lado, tem certeza de que Júlia foi vítima de uma ilusão – não traiu conscientemente os votos que se fizeram. Por mais que se imagine como Oswald, com seu espírito, terminaria *O filho do sonho*, não é possível encontrar um desfecho convincente.

Talvez por esse motivo ele tenha suprimido as páginas finais do manuscrito. E, a rigor, só cabe lastimar a interrupção do original, porque seria uma curiosidade conhecê-lo inteiro. A solução encontrada para o conflito não deve ter satisfeito Oswald, que abandonou a peça, sem nunca retornar a ela, ao que tudo indica. Vê-se, uma vez mais, que o escritor mergulhou na realidade à volta. Cabe observar que, na ocasião, Oswald contava 27 anos e tanto Antônio como Rodrigo são pintados com essa idade. Rodrigo, como Oswald, voltou de uma viagem à Europa. Na caracterização do cabaré, o dramaturgo não fugiu das figuras típicas do ambiente, que servem de pano de fundo para o drama dos protagonistas. O primeiro ato ainda incide em demasia na conversa, mas o segundo junta confidências isoladas, que se entremeiam com as cenas normais de cabaré, para atingir o clímax no confronto entre Antônio e Rodrigo. E, se Rodrigo obedece a uma psicologia mais tradicional – ao menos nos dois atos preservados –, Antônio mostra uma estimulante ambigüidade. É uma pena não saber como findaria esse misto de mau marido, vilão com Rodrigo e ao mesmo tempo indivíduo marcado pela idéia de absoluto. O controvertido temperamento de Antônio é o dado mais moderno e inquietante da peça.

Oswald de Andrade Filho confiou-me outro caderno do pai, sem capa e sem data, e com as primeiras folhas arrancadas, até quase o fim da segunda cena do ato inicial. Dessa forma, não se conhece o título da peça e só se pode presumir quando foi escrita. Por certas características melodramáticas, situo-a antes da fase modernista, mas os problemas sociais a remeteriam para período posterior ao dos outros manuscritos e dos textos em francês (houve uma greve geral em São Paulo, de inspiração anarquista, no ano de 1917, e dela participaram 70 mil operários). A ausência das primeiras páginas só prejudica mesmo o conhecimento do título,

29

porque as duas cenas iniciais deviam servir apenas para informar o espectador a respeito do que se passara. Num bar, dialogam grevistas, operários que resolveram revoltar-se contra o patrão. Marcos, de princípios anarquistas, chama os outros operários de escravos, porque têm medo do patrão. "Vocês precisam ter chefe porque vocês não sabem ser livres" – afirma ele. Chega Vanni, o líder dos operários: "Eu vim aqui para dizer a vocês que o patrão nos convida amanhã para uma reunião em casa dele. Quem vai comigo?". Segundo Vanni, todos sabem que Marcos se afastou desde o começo, "porque ele quer a revolta de todos, a destruição completa, a violência e nós não podemos... Porque ele podia ser o nosso chefe...". Fica patente que Vanni defende uma posição que durante muito tempo foi identificada como do Partido Comunista (só fundado no Brasil em 1922) – a da luta objetiva, negociando as vantagens e não partindo para a agressividade irracional. Marcos acha que a greve acabará por trazer Vanni para o seu lado – "a única vítima disto tudo será você".

Nesse nomento das reivindicações sociais, seria difícil Vanni não dizer que se trata de uma luta santa, para sentenciar, numa fala entre ingênua e ridícula: "Eu acredito, sim, acredito na redenção da nossa raça, da nossa raça operária que há de dominar toda a terra trabalhando e cantando, quando todo o homem for um operário, quando toda a mulher for uma mulher de operário...". Vanni e Marcos aprofundam as suas divergências ideológicas, marcando-se o radicalismo do segundo na fala: "... assassina se tu queres ser justo, deixa o teu caminho cheio de sangue se tu queres ser justo...". Vanni pondera: "Não é só a minha religião, não é só a minha, porque nós todos temos, tu também, tu também tens essa necessidade de acreditar em qualquer coisa, de estender a mão para agarrar qualquer coisa, olha, essa tua vontade de vingança é religião. Porque tu também tens medo como os outros...". Parece que é o próprio Oswald raciocinando, como o fez em *Um homem sem profissão*: "Crise de catolicismo mais do que de religião, pois tendo da Igreja a pior idéia, nunca deixei de manter em mim um profundo sentimento religioso, de que nunca tentei me libertar. A isso chamo eu hoje sentimento órfico. Penso que é uma dimensão do homem. Que dele ninguém foge e que não se conhece tribo indígena ou povo civilizado que não pague este tributo ao mundo subterrâneo, em que o homem mergulha. A religião existe como sentimento inato que através do tempo e do local toma essa ou aquela orientação, este ou aquele compromisso ideológico e confessional, podendo também não assumir nenhum e transferir-se numa operação freudiana" (p. 84). Nesse confronto, Vanni acaba admitindo que o que Marcos diz é verdade, como é também verdade o que ele diz: "tudo é verdade... tudo!...".

Maria entra em cena, tentando prender de novo Vanni com uma chantagem. Eles haviam sido amantes, mas ela o traíra e Vanni não a perdoou. Maria quer que Vanni se afaste da outra – e ficasse sabendo que é Ana, a filha do patrão. O despeito leva Maria a afirmar que a outra está sendo um instrumento do pai, para perder Vanni. Não sei como o bom gosto de Oswald permitiu que Maria se aproximasse de Vanni de joelhos, para pedir: "... tem pena desta desgraça!". Aí surge a vingança melodramática: já que Maria não pode ser feliz, Vanni também não o será. Ela anuncia: "Senhores meus, todos, operários, Vanni vos trai, Vanni está de combinação com o patrão para vos perder, ele tem todos os dias conversas com a filha do patrão, com a senhorita Ana!". Esse é o pretexto para Pedro, que deseja Maria, insultar Vanni, chamando-o "vil traidor". Vanni narra os encontros que teve com Ana e explica: "Vocês todos sabem como a filha do patrão é amiga da nossa classe, vocês todos sabem como ela vive com o pai, porque ele é mau, é perverso, e ela é boa...". Diante da explicação satisfatória de Vanni, Maria passa à calúnia: "... tu me disseste que ias trair, tu me contaste! Ah! eu hei de te perder, bandido!". A chegada do pai de Maria, no final do ato, é apenas uma solução patética, porque ele, bêbedo, está alheio a tudo.

No manuscrito só há indicação do que seria o segundo ato. Ele se passa em casa do patrão e a primeira cena reúne Ana e o pai. Nada, porém, foi escrito. É de se presumir que esse ato mostraria o outro lado do conflito – a vida da família do patrão, como o primeiro focalizara os operários. Os motivos do patrão seriam examinados e se conheceria o temperamento de Ana, para justificar o seu amor por Vanni. Dessa vez, porém, Oswald, de posse da idéia para o desfecho, apressou-se a escrevê-lo, deixando para outra oportunidade – que nunca chegou – o trabalho de fazer o recheio. E, sem dúvida, o esquema da peça parece bastante lógico. No primeiro ato, Vanni surge como o protagonista, em meio aos operários. O segundo deveria destacar Ana, no ambiente familiar, e sobretudo em relação ao pai. O terceiro ato é fundamentalmente o encontro dos dois apaixonados.

Passa-se ele na estrada, onde se vê um calvário com uma lâmpada pequena. Ali Maria tenta convencer Pedro a matar Vanni, com a alegação de que ele traiu. Pedro diz não ter interesse em tirar a vida a um homem. Oswald aproveita o diálogo para acrescentar outros elementos à psicologia de Pedro. Diz ele: "No meio dos companheiros, eu sei agitar a coisa, mas com o patrão, é outra coisa, sou sempre muito calmo, muito delicado". Para assassinar Vanni, é necessário que Pedro tenha algum lucro. Quando ele diz que deseja viver com Maria, que está na miséria, ela o repele e confessa o amor por Vanni. Depois de insultos, Pedro vai chamar os outros para emboscarem Vanni, enquanto Maria se arrepende, se desespera e grita em vão que ele fuja. Na cena seguinte, Vanni anuncia a Marcos que vai embora e entrega a ele a chefia da greve, "diante deste calvário sagrado". Informa também que no dia seguinte chegará a polícia: o patrão os traía, os enganava, quando falava no acordo. Aí há um verdadeiro interlúdio lírico entre Vanni e um Vagabundo, necessário também para preparar os acontecimentos finais. Surge então Ana, disposta a ir ao fim do mundo com Vanni: "E, se não tivermos nada, teremos o sol!". Derramam-se os apaixonados em projetos, quando dois tiros passam na escuridão. As balas, dirigidas a Vanni, matam Ana. Vanni, desesperado, divaga, delira, vê a terra fechar-se sobre ele. Ainda arranca de si: "... Vamos pelas estradas... porque o homem deve sempre caminhar... sempre...". O manuscrito não vai além. Acharia Oswald satisfatório encerrar nessa cena o conflito, considerando sem importância o macrocosmo social? Estava armada, de um lado, a vinda da polícia, mas é possível, de outro, que a morte da filha modificasse o comportamento do patrão. O fim, como se encontra, não é convincente para os problemas levantados no texto, além de incidir no lugar-comum histórico do sacrifício da inocência. Não haveria lugar, no mundo, para viver a boa filha de um mau patrão... Mas, apesar de muitas soluções insatisfatórias, o manuscrito tem a virtude de apresentar o problema social da greve, que só seria tratado, em nossa dramaturgia, em 1958, com *Eles não usam blacktie*, de Gianfrancesco Guarnieri. É curiosa a exemplificação de duas atitudes políticas diferentes – a de Vanni e a de Marcos –, em que se debate até hoje a esquerda. Oswald ia, aos poucos, afiando o instrumento, para realizar na década de 1930 a sua obra teatral adulta. Talvez, sem esse e os outros ensaios, ele não tivesse conseguido escrever sobretudo *O rei da vela*.

Apesar do estilo tão distante das conquistas formais do modernismo, é possível que esse texto fosse escrito muito depois de 1917, porque, na ocasião da greve, Oswald estaria ao lado dos que procuraram reprimi-la, segundo o depoimento de Di Cavalcanti. Escreveu o pintor, a quem se atribui a idéia da Semana de Arte Moderna: "E a célebre greve de 1917? Os bairros do Brás e Mooca sitiados! Lembro-me da estupidez de meus colegas da Academia (de Direito) contra os grevistas. Lembro-me de Oswald de Andrade com aquele reacionarismo católico que o dominava, querendo fazer incursões armadas pela madrugada para desalojar os grevistas" (*Viagem da minha vida (Memórias) – I – O testamento da alvorada*, Editora Civilização Brasileira, 1955, p. 83-84). Personalidade extremamente contraditória, Oswald poderia, também, ter tido essa melancólica atitude momentânea e logo depois ter escrito uma peça que intuitivamente vislumbrasse os diferentes caminhos da esquerda. Esse era o seu temperamento e estava aí, sem dúvida, parte de sua grandeza.

Procurei informar o mais possível sobre o conteúdo desses originais inacabados, mesmo sob pena de parecer que perdi longo tempo no resumo, porque dificilmente eles passarão a livro. Estou certo de que, não obstante a fragilidade literária, esses três manuscritos ajudam o conhecimento de Oswald, não só de seu teatro. Eles revelam um caráter vibrante, sequioso de verdade e de justiça, denunciando as hipocrisias sociais e propondo sempre um amor verdadeiro, que desconhece as fronteiras de classes, como no caso de Vanni e Ana. O território de Oswald é o da crise, mais consentâneo com a sua índole religiosa, sempre em busca do absoluto. As brincadeiras testemunham já a irreverência, que seria uma de suas armas terríveis.

A forma ainda claudica, mas Oswald é o primeiro a ter consciência do problema, a ponto de abandonar os projetos e de não referi-los no livro de memórias. Seria mais razoável esquecer esses manuscritos incompletos, como provavelmente os esqueceu o autor? Mas Oswald não destruiu os cadernos e poderia tê-lo feito, se eles não lhe dissessem alguma coisa, ao longo dos anos. Para mim, foi um prazer essa leitura, na esperança de encontrar um valor e definir melhor a imagem do dramaturgo. Eu me sinto mais íntimo das vacilações de Oswald, como se ouvisse a sua confidência, antes de voltar mais tarde ao teatro, já escritor formado.

AS PEÇAS EM FRANCÊS

Um homem sem profissão trai, a todo momento, a ligação de Oswald com o teatro, além de testemunhar a teatralidade de sua vida. Ele confessa que, na juventude, representou no porão da casa de seu primo Marcos: "Eu era naturalmente indicado para ser astro da pequena troupe que Marcos formou com vizinhos, entre os quais rapazes da família Montmorency, decadentes brotos de sua nobre estirpe francesa. Meu fracasso foi no primeiro dia. Nunca consegui articular duas frases no palco. Isso constituiu imediato motivo de brigas com o Marcos. Eu não podia atribuir minha inépcia cênica a uma incapacidade absoluta. Era tudo, naturalmente, produto das perseguições do Marcos e de seus amigos, mais velhos do que eu. Diversas representações se sucederam no palquinho do porão, perante boa assistência, que entusiasmava os artistas com aplausos. Eu ficava de fora, bastante despeitado. A incapacidade no entanto era real como sempre foi a de falar em público. Talvez um excessivo rigor de autocrítica me tenha contido e afastado sempre de expansões oratórias ou simplesmente cênicas. Nunca dei para isso" (p. 49-50).

Oswald assistiu a um espetáculo de Sarah Bernhardt, no velho Politeama de zinco (na sua visita de 1905, a última que fez à América do Sul, quando ele contava somente 15 anos – concluo), e não se vexa de afirmar: "Fiquei diante dela inteiramente incompreensivo e neutro" (p. 81). Nesse "velho barracão de diversões", ele tivera uma "fase de café-concerto, o qual exibia coxas, nádegas e seios de francesas e polacas, na música ligeira do maestro Cianciarulo. Me interessavam muito mais as operetas duma com-

35

panhia italiana de que era estrela Giselda Morozini, por quem me apaixonei de longe" (p. 82).

Estimulado por um professor ("Talvez deva realmente a ele ser escritor"), Oswald sentiu a necessidade da leitura, e passou a comprar na Casa Garraux, a grande livraria de São Paulo. Ele não cita romances, ensaios ou obras de outros gêneros. Menciona apenas: "Enveredei por tragédias gregas, peças de Shakespeare e Maeterlinck" (p. 83). Sua primeira leitura, assim, foi essencialmente teatral. No colégio, prosseguiram seus triunfos em literatura. Oswald tornou-se um dos melhores alunos da turma. De novo, porém, uma representação, para ele reconhecer: "Uma experiência de teatro, tentada nas festas de fim de ano, constituiu um novo fracasso e me fez compreender que devia abandonar qualquer pretensão de palco" (p. 86).

Em 1909, com apenas 19 anos, Oswald foi admitido na redação do *Diário Popular*, de que se tornou o crítico teatral. Nessa época, comoveu-o um caso passado com uma atrizinha francesa de uma *troupe* de mulheres que trabalhava no Politeama. Escreve Oswald: "Soube que o empresário a esbofeteara. Fui levar-lhe a minha solidariedade num quarto de pensão que ela habitava no Largo do Paissandu, mas não perdi a compostura e nada se passou" (p. 91). Certa vez, no Rio, hospedado na casa de seu tio, o escritor Inglês de Sousa, ofereceu uma frisa à família para que assistisse ao *Otelo* do ator siciliano Giovanni Grasso, com quem voltou a encontrar-se na Europa (foi com ele e sua companhia de Paris a Londres, onde viu, admirado, seu desempenho de *Otelo*, que entusiasmou também a crítica londrina – p. 118). Como crítico, Oswald presenciou a estréia, em São Paulo, da opereta vienense, conhecendo pessoalmente "a grande atriz de música ligeira, Mia Weber, estrela de Viena". Conta Oswald que passou "a freqüentar as celebridades mundiais que pisavam nosso palco" (p. 93).

Parece fantasia a sua aventura com a genial bailarina Isadora Duncan, desde a ceia, após o primeiro espetáculo em São Paulo, ao passeio a Osasco, onde ela dançou para Oswald quase nua, num "pôr-de-sol entre árvores" (p. 167). E uma de suas paixões mais tumultuosas foi a bailarina Landa Kosbach (pseudônimo de

As peças em francês

Carmen Lídia), inspiradora das duas peças em francês. O livro de memórias se demora no relato da história rocambolesca de Landa, desde que se conheceram, na primeira viagem marítima à Europa, em 1912. Conta Oswald: "A banda de bordo tocava no tombadilho quando deixamos o Rio. Logo nos primeiros dias notei, entre céu e mar, ao lado de uma velhota cheia de vidrilhos, uma criança loira e linda que não teria onze anos e dançava como uma profissional. Não tardei em travar conhecimento com a velha, que se dizia mãe da menina e casada com um homem de negócios, americano. Moravam no Rio, na pensão Schray, em frente ao Catete, e Landa – era esse o seu nome – ia estudar bailado no Scala de Milão. (...) Landa encheu meus dias de bordo" (p. 112-113).

Oswald batizou Landa no Duomo de Milão. Depois, em Paris, juntou-se a Kamiá. Em sua companhia, foi visitar Landa em Milão. Observa Oswald: "Aí criou raízes um drama de ciúmes que daria mais tarde tremendos aborrecimentos. Kamiá percebeu na menina uma séria rival" (p. 118). Essa menina, "escorraçada pela guerra que devasta a Itália", volta ao Brasil. Tem dezesseis anos. Ela e a velha, Mme. Schindelar, hospedam-se em São Paulo na casa da família de Oswald. Uma noite, Landa conta que não é filha, mas neta de Mme. Schindelar. O romance dos jovens não tem a aprovação do Coronel Andrade, natural aliado de Kamiá. O pai ameaça Oswald, com sanções financeiras. E termina por dizer que, se o filho se casasse com a bailarina, fosse buscar o seu cadáver (p. 147).

Landa e Mme. Schindelar desaparecem de São Paulo. Oswald, alucinado, tenta estabelecer nova comunicação com a bailarina. A velha se tornou severa com ele porque descobriu uma carta de amor que Landa lhe escrevera. Como negam a Oswald o menor contato com Landa, ele decide raptá-la. O advogado Vicente Rao, mais tarde ministro da Justiça e das Relações Exteriores, acha que a solução do "caso é mesmo o rapto, a polícia e o pretório. Sem papéis nem nada" (p. 149). Mas não se chega a consumar o rapto, dessa vez. Depois, ela vem a São Paulo. Oswald escreve: "Qualquer coisa de inelutável desmantela o meu sonho. Landa me afirma que não aceitou as minhas sugestões de fuga porque se deixou levar pela velha para contatos com homens que a procuravam. Fez um filme. Nada houvera de grave, mas ela sentia que tinha sido infiel ao nosso sonho. Não merecia mais a vida que nos prometêramos. Era uma infame" (p. 170). Oswald afirma que seus preconceitos patriarcais se eriçam na direção da renúncia: "Nosso amor deverá ser perfeito ou não subsistir" (p. 170). Landa sabe que não se casará mais com Oswald, mas quer que ele não a deixe mais sair de São Paulo – ele é a única pessoa em quem confia. Não voltará ao Rio com a velha. Oswald pensa, então, numa solução jurídica, para amparar Landa contra "a insinuada caftina". Tudo é minuciosamente planejado. Depois do espetáculo, em que Landa "produz uma amostra de arte deslumbrante", que culmina com *A morte do cisne*, de Saint-Saens (o maestro Sousa Lima está ao piano), despistam a velha, a dançarina desaparece pela porta dos fundos e Vicente Rao "a conduz pelas ruas do Centro até a porta do Foro, onde a deixa" (p. 171).

Instaura-se o processo de tutela. Landa é internada num colégio de freiras, em Santana. Escândalo. Grandes manchetes em jornais. Oswald pensa em suicídio. As memórias encerram assim a tempestuosa paixão: "Vejo Landa, ao lado de uma freira, na cidade, deformada por uma gordura sadia de colegial. Deformada e anônima no cenário da cidade que a aclamou. Visito-a ocultamente. Ela me diz: – Precisas te habituar a me ver assim. Vou ser freira. De fato, cada dia mais se aparta de nós a possibilidade de uma reconciliação, ou melhor, de uma ressurreição. É inútil todo esforço. Amávamo-nos demais!" (p. 175).

É Landa a inspiradora das duas peças escritas em francês. Oswald refere-se pela primeira vez a *Leur âme* nos seguintes termos: "Leio *Leur âme* para grupos de amigos. Vazei principalmente nesta peça, que nos cafés escrevi em francês com Guilherme de Almeida, toda a crise amorosa que me oprimiu. Suzanne Desprès, de passagem por São Paulo, representou com Lugné Poe um ato dela no Teatro Municipal. Eu e Guilherme estávamos por detrás do palco. O teatro repleto. Recomendaram-nos que de modo algum, mesmo chamados à cena, aparecêssemos na ribalta" (p. 156). Num auto-retrato, publicado no *Diário de Notícias* de 8 de janeiro de 1950 e transcrito no Suplemento Literário de *O Estado*

As peças em francês

de S. Paulo de 24 de outubro de 1964, as lembranças se completam: "Publiquei, com Guilherme de Almeida, o meu primeiro livro em 1916, duas peças em francês. Foi representado um ato de *Leur âme* por Suzanne Desprès, no Teatro Municipal de São Paulo. Com a maior e mais justa indiferença do público e da crítica".

Depois, de novo em *Um homem sem profissão*, Oswald recorda um jantar, em sua casa, com vários amigos. Um deles fala que todos tiveram pedaços de mulher. Mas uma mulher inteira... Regozijava-se de ter em outro amigo um companheiro de jornada, "pois via que ele também conhecia o profundo escorregadio de *Leur âme*". Aí Oswald explica a origem das duas peças: "Vazei, como já disse, minha desgraçada experiência amorosa nas duas peças que escrevi em francês com Guilherme de Almeida (ele só se referira antes a *Leur âme*, deixando de mencionar *Mon coeur balance*). Refletem elas a descoberta da mulher, verídica no seu sexo e no seu destino. Foi a descoberta das vacilações naturais de Landa, aumentada pelos meus preconceitos e pela minha formação patriarcal" (p. 161).

Não é de estranhar que Oswald admitisse com tanta franqueza a relação dos textos com a sua melancólica experiência amorosa. As mulheres marcam muito diretamente a vida e a obra do homem que dedicou as memórias, além dos antepassados e descendentes, a Maria Antonieta d'Alkmin, sua última esposa, "o reencontro materno". Oswald era sempre fecundado pela nova mulher que encontrava em seu caminho. Esse permanente renascer deu à vida de Oswald riqueza incomum e iluminou a sua literatura com rara paixão. Landa não coube num texto: sugeriu as características principais das protagonistas femininas de *Mon coeur balance* e *Leur âme*.

É visível o paralelismo das duas peças. As situações se assemelham, embora Marcelle, na primeira, seja loura, cuja mãe afirma que ela tem 17 anos, e Natália, na segunda, "a mais bela mulher da cidade", já surja com marido e filhas. Em *Mon coeur balance,* Gustave, um *blagueur* (mencionam-se seus 24 anos, no diálogo), e Lucien, homem de 30 anos (indicação inicial a respeito da personagem), estão às voltas com Marcelle. George, o marido enganado, e Gaston – um "virtuose" do amor que sofre do próprio virtuosismo, como foi definido na relação de personagens – gravitam, em *Leur âme*, em torno de Natália, que vai embora, como aconteceu a Marcelle. *Leur âme* (a alma delas, as mulheres) seria a evanescência, o mistério, o insondável. Nenhum homem toca nessa alma, consegue atingi-la. Oswald estava profundamente torturado pelas hesitações de Landa, incapaz de agarrá-la de vez. E um psicanalista encontraria nesse relacionamento, talvez, mais uma manifestação do complexo de Édipo – a mãe inacessível, fugidia, proibida, apesar da atração e do carinho.

Mon coeur balance passa-se num terraço de hotel numa praia elegante do Brasil – que poderia ser Guarujá. A preocupação dos autores foi a de contrastar o conflito dos protagonistas com a atmosfera de férias da praia, com os habituais tipos que não se empenham verdadeiramente no drama. Ao lado dos três protagonistas – Marcelle, Gustave e Lucien – estão muitas outras personagens, necessárias para povoar o ambiente. Madame Doria, mãe de Marcelle, é viúva, e se daria para ela 30 anos. Madame Dunloup é uma exilada belga de antes da guerra ("está na idade em que não se tem idade). Hélène, cuja ingenuidade contrasta com a complicação de Marcelle, tem 16 anos. O círculo completa-se com Madame Belloni, uma cantora italiana; Dr. Mendes, um médico sem clínica, "muito tolo e muito convencido de que não o é"; Charles, um bacharel; o Coronel, que "pertence a um tipo pacífico de coronéis brasileiros"; o jornalista, "um tipo de rapazinho muito bem trajado"; e M. de Souza-Cliff, pai de Hélène, viúvo, proprietário de fazendas, com tiques e tato. Não falta à peça o pitoresco de um inglês e sua família, que apenas atravessam silenciosos o cenário. E o hotel não poderia deixar de ter garçons, carregadores e outros empregados.

Para dar à história o andamento vagaroso do clima simbolista, da delicadeza, do meio-tom, os autores dividiram-na em quatro atos. O primeiro apresenta o ambiente – a "dolce vita" praieira, mas sem o decadentismo sexual do filme felliniano, incompreensível no Brasil do princípio do século XX. Madame Dunloup vende bilhetes para um *cotillon* em benefício dos órfãos belgas da guerra. Na pintura da vida frívola e elegante, os diálogos guardam uma aparente superficialidade, que lembra o teatro de um João do Rio, representado com êxito na época. Lucien quer aconselhar Gustave a propósito de Marcelle: ela não lhe convém – "ela é muito notada. Ela sabe e tira proveito. Não é verdade – diga – que ela é muito inglesa, muito *flirting-girl?*". Lucien havia retratado Gustave assim: "Você é jovem, imprudentemente jovem. Você faz sempre blagues, você faz piadas, você ri, você faz rir. Mas, apesar de sua aparência indiferente, apesar de tudo, Gustave, eu sei que alma sensível, impressionável se esconde no fundo de você". Tanto Lucien como Gustave se aplicam em fazer frases, que estão sempre a um passo da subliteratura. Gustave não sabe se Marcelle o ama: "Não se conhece nunca as mulheres. Ela é como as outras". Na cena final do primeiro ato, Marcelle comenta como o mar é belo: "Dir-se-ia pequenas fortalezas móveis, as vagas...". Gustave aproveita a deixa para sentenciar: "É exatamente como as mulheres: fortalezas móveis". Marcelle quer dar um passeio pela praia. "Eu seguirei você... sempre..." – Gustave lhe diz. E, nesse momento, que poderia significar uma decisão de Marcelle, ela chama também Lucien para o passeio. Já se sugere uma razão para o título. A indefinição de Marcelle provoca a angústia de Gustave.

O segundo ato prossegue nessa linha ambígua, mas é Lucien que não terá a definição de Marcelle. Grande parte do diálogo se consome na conversa de salão, porque é a festa dos belgas. Gustave afirma que a vida se parece com Madame Dunloup, porque não tem senso comum. Às vezes, as réplicas, sempre vivas, chegam a ser brilhantes. Mendes e Madame Doria têm uma cena de ciúmes. Gustave declara-se a Marcelle, enquanto ela fala que aceitaria mesmo um casamento repugnante, se imposto pela mãe. Esquiva e altaneira, ela não se sensibiliza com a lembrança de Gustave: um dia Marcelle lhe disse que não podia mais viver sem ele... Gustave afasta-se, Marcelle corre atrás dele e volta, dizendo a Lucien: "Ele não se matará". Agora é Lucien quem se declara a ela, e deseja uma resposta. Ainda uma vez, Marcelle se furta: "Eu direi a você... depois!". E assim termina o segundo ato. Para os autores, como havia sido para Strindberg, a mulher é essa criatura perturbadora, que rouba a paz do coração masculino. O homem permanece o ser indefeso, diante da obsessão que sente por Eva. Nada há a fazer, numa luta desigual e eterna.

Na manhã seguinte, Lucien e Gustave, que passaram a noite jogando e perderam, discutem sobre Marcelle, Madame Doria e o falecido Sr. Doria, que a viúva faz questão de deixar na sombra. Gustave cita um velho professor universitário, que repetia continuamente: "A vida nasceu depois do teatro e a partir do teatro" ("la vie est née après le théâtre et d'après le théâtre"). Lucien acha que o amigo deve renunciar a Marcelle: sua mãe é uma aventureira. Gustave não se perturba: "E daí? Eu amo como se ama em Shakespeare, aceitando por antecipação todos os quintos atos! Que chegue, pois, o meu: que me importa isso?". Ao saber que Lucien também disputa Marcelle, Gustave chama-o de "ladrão de amor, canalha". Tentando justificar-se, Lucien diz que sua aproximação de Marcelle é para o bem de Gustave e para o bem dela: "Eu me ofereci para minha infelicidade... você quer compreender por fim... sim... que eu me sacrifico!". Não há outros dados na peça para se concluir se Lucien fala com sinceridade ou hipocrisia. Na leitura, a cena soa um pouco falsa, sem a necessária fundamentação psicológica, que lhe daria verossimilhança. Depois de hesitar diante de um e diante de outro, Marcelle está agora em face dos dois, e Lucien exige dela com clareza: "É preciso que você se decida por Gustave ou por mim... Fale!". Depois de um *suspense*, Marcelle encerra o terceiro ato: "Meu coração... Mas meu coração... balança!". Ainda agora, ela escapa, não quer se comprometer.

O desenvolvimento dos episódios mostra como foi correta a divisão da peça em quatro atos. Primeiro, a indefinição diante de Gustave. Depois, diante de Lucien. Finalmente, entre os dois, balança o coração de Marcelle. E cabe ao quarto ato proporcionar o desfecho. Um desfecho que pode surpreender o leitor, mas está suficientemente preparado. É Gustave quem fala a Lucien: "Você não sabe ainda? Marcelle partiu esta manhã". Contrasta com o drama dos dois o anúncio do noivado de Hélène e Charles. Estão alheios a tudo os outros hóspedes do hotel, que Lucien chama de "multidão multicor e ignóbil". Gustave ainda observa: "Um dia, ela (Marcelle) estará velha, como nós, pior do que nós... E seu coração balançará então entre lamentações e remorsos...". Comemora-se, no salão, o noivado, e os dois festejam naufrágios. Gustave utiliza uma imagem, que reaparecerá em *O rei da vela*: "Sempre marchas nupciais ao lado das marchas fúnebres!". Lucien e Gustave convidam Charles para acompanhá-los na caminhada. Ele não aceita: Hélène o retém... Lucien fala: "Vamos em direção à vida...". Gustave replica: "Ou, quem sabe, em direção à morte". Lucien, com a mão sobre os ombros de Gustave, encerra a peça: "Entre a vida e a morte... nosso coração balança...". Acrescenta-se, assim, ao significado inicial do título (a hesitação de Marcelle entre os dois pretendentes), esse outro, de propósito mais profundo. A força positiva e a negativa estão permanentemente em debate dentro de nós. O vital Oswald, tomando conhecimento da carga de negatividade que suportamos, purgava a paixão adolescente pelo suicídio.

Além do possível parentesco com o teatro de João do Rio, pelo gosto das frases de efeito, na linha de Oscar Wilde, *Mon coeur balance* parece ter algo em comum com *O canto sem palavras*, bonita peça de Roberto Gomes, levada com sucesso em 1912. A sensibilidade é simbolista, crepuscular, outoniça. É inegável a presença do ficcionista, que sabe jogar com a pintura do ambiente – refugiada belga, cantora italiana, fazendeiro, jornalista etc. – e o conflito intimista das personagens principais. Os autores não meditam sobre os problemas do mundo – a guerra na Europa se reflete apenas no *cotillon* de Madame Dunloup em benefício dos órfãos belgas. A perspectiva é a dos homens – Gustave e Lucien. Marcelle permanece, até a fuga, a esfinge inacessível, decifrada em parte apenas pelas informações que fornecem dela os dois, de conversas tidas sempre fora do palco. O mistério com o qual os autores vêem a mulher se manifesta até nesses poucos dados que Marcelle apresenta de si, revelada quase sempre pelo que falam dela. E Marcelle vai embora sem uma palavra, completando esse clima de perda, de vazio, de mistério, que sem dúvida toca o leitor. Eu não hesitaria em incluir *Mon coeur balance* entre as poucas peças simbolistas de qualidade, produzidas no Brasil. Há *O canto sem palavras*, de Roberto Gomes; *Eva*, de João do Rio; *Quebranto*, de Coelho Neto; *As noivas,* de Paulo Gonçalves (a *Comédia do coração* não consegue convencer a sensibilidade atual); e o que Oswald e Guilherme escreveram em francês. Talvez, como o movimento simbolista não foi também pródigo, no teatro europeu, os autores se animaram a utilizar uma língua de circulação internacional.

De vários pontos de vista *Leur âme* se aproxima de *Mon coeur balance*. O fundamental, como já salientei, é a sedução de dois homens pela mesma mulher, que no final os abandona, sem uma palavra explicativa. Também os protagonistas se parecem, com várias características em comum. Os autores inverteram apenas a posição das personagens masculinas. Em *Mon coeur balance*, Gustave, o *blagueur*, que lembra o Oswald da realidade, está mais ligado a Marcelle, e Lucien, aparentemente sóbrio e reservado, o perturba. *Leur âme* coloca George (a peça começa chamando-o assim e depois usa a grafia Georges) casado com Natália, enquanto Gaston, também *blagueur*, é o amante. Várias personagens estão incumbidas de servir de pano de fundo indiferente (ou apenas curioso) para o drama, como sucede em *Mon coeur balance*. Assinalam-se Madame Lima, uma visita apressada para Natália, e sobretudo os freqüentadores de um clube elegante, réplica do hotel de praia. São eles Charles, jovem filósofo vegetariano, Motta-Père, bom burguês, Motta-Fils, filho do bom burguês, e tipos que não chegam a ser identificados pelo próprio nome, como Le Premier e Le Second Clubman (O Primeiro e o Segundo Clubman). A ação transcorre em São Paulo, na atualidade de 1915-16.

No primeiro ato, em casa de Georges (em Higienópolis, sem dúvida, como indicam os autores), Natália combina ao telefone um encontro com Gaston, para o chá no Mappin. A visita importuna de Madame Lima tem a função de introduzir o espectador nos problemas da peça. Natália fala à amiga que Georges não liga mais para ela. Está certa de que ele a engana. Madame Lima segreda ao ouvido de Natália a ligação dela com Gaston. E, da maneira com a qual Natália a nega, Madame Lima comenta que ela não faz senão trair-se. A chegada de um biombo é testemunho do carinho de Georges pela mulher. Logo depois, ele surge, e trava-se o primeiro diálogo revelador. Como Natália diz que ele não a leva a sério, Georges afirma: "Ora! O homem que leva uma mulher a sério não é mais sério, absolutamente!". Georges caçoa: "Um espartilho... um quimono... Eis o que as mulheres têm de mais íntimo, mais delas, não é, minha querida? É toda a sua alma!". Natália, com um sorriso, confirma esse juízo, e Georges acrescenta: "E dizer que a gente se apaixona por outra coisa nelas; que se procure, que se procure, a outra alma, aquela que se quer que elas tenham...". Apesar dessa conversa íntima, Natália insiste em sair de casa – irá visitar Henriette. Georges tenta dissuadi-la e por fim lhe confessa: não gosta que ela freqüente Henriette, porque Gaston está sempre em casa dela. Natália confessa que foi Georges quem tocou seu coração. Mas essa certeza não basta a ele. De repente, Georges sente medo e fica triste: "Não, o amor não traz a felicidade, não! Eu sou quase infeliz!" – declara. Aparece em cena a pequena Charlotte, filha de três anos do casal. Natália pede-lhe um beijo, na "sua mamãe que te adora, que renunciaria a tudo por você!". Essa confissão, que parece incompreensível, a essa altura, adquirirá um sentido preciso, no desfecho, quando se souber que Natália desapareceu com um caixeiro-viajante, levando consigo Charlotte. E o final do primeiro ato já tem valor simbólico. Natália insiste em ir à casa da amiga e, diante da oposição do marido, decide: "Eu vou com minha filha!".

O segundo ato está dividido em dois quadros, para que os espectadores surpreendam num a intimidade de Natália e noutro a de Georges, em cenários diferentes. No primeiro quadro, no quarto de dormir da *garçonnière* de Gaston, ele dialoga com Natália, depois que acabaram de vestir-se. Já está na hora de Natália retirar-se, para não provocar suspeitas, e Gaston tenta prendê-la: ela não sairá sem ter dissipado sua angústia. Apesar da posse física, o amante continua inquieto: "É preciso que eu saiba, esta noite mesmo, se eu tenho ou não seu coração, minha Nata. Que me importa ter seu corpo, sua juventude, sua alma, sua honra! Que me importa tudo isso? Eu quero o amor, eu quero o amor. Eu quero seu coração, seu coração, você está ouvindo?". Às vezes, ele sente que Natália sonha com outro. Ela confirma sua suspeita. Revela: Georges, o marido, é o único homem que ama verdadeiramente. É sua culpa, se sente assim? Depois, ela diz a Gaston que é ele quem mais ama. Gaston, aí, afirma que não pode suportar a idéia de dividir o amor. É tudo ou nada! "Eu me matarei, talvez, eu que me acreditava superior ao suicídio, eu prefiro me matar a aceitar isso!" – acrescenta ele. Como Oswald se referiu aos seus preconceitos e à sua formação patriarcal, no caso com Landa, Gaston fala que, na ligação com Natália, comprometeu seu orgulho.

Ele sempre quis saber a verdade e, agora que a sabe, insulta Natália. Aceitou seu passado de garota sensual. Desse passado faz parte a história de um jovem oficial que a procurava e a acariciava quando ela tinha 13 anos. Aceito o passado, agora é o presente que o atormenta. Como Natália não se julga tão exigente com ele, Gaston aproveita o pretexto para lhe lançar: "Você é muito condescendente para poder amar!". Natália diz que fez toda essa cena para experimentar se Gaston de fato a amava. Agora ela sabe que ele lhe pertence, para a vida inteira. Gaston segura a cabeça de Natália com as mãos e exclama: "Agora é sua alma que me escapa! Não, eu não quero! É a minha conquista mais orgulhosa, sua alma! Eu fiz esta coisa ao mesmo tempo gloriosa e pungente: eu possuí inteira uma alma de mulher". Pergunta Gaston se toca o seu coração e Natália confessa: "Eu estou a seu lado... e eu... o amo..." (referindo-se ao marido). A solução de Gaston é conseguir uma desforra com ele, no pôquer... Vendo-se sozinho no quarto, Gaston diz para si mesmo: "Palhaço, eis o destino que você quis!".

Uma hora depois, no salão de fumar de um grande clube elegante, trava-se um diálogo descompromissado, contrapartida da cena íntima que acabava de passar-se entre Gaston e Natália. Quando entra Georges, torna-se mais empenhada a conversa, agora sobre a mulher. Georges acha que as mulheres só têm a razão que os homens perderam. O que leva Charles a objetar: "Vocês, vocês gostam sempre de estudar a mulher por trocadilhos, é por isso que vocês não conseguem conhecê-la nunca". Georges, com a displicência típica do homem de salão, replica: "Eu a conheço tão bem, meu velho, que eu sei esta coisa profunda: uma mulher só nos pertence inteiramente quando começa a nos enfadar!". Diante das frases de Georges, Charles o chama o homem dos paradoxos. E Georges apenas completa: axiomáticos. Ao entrar Gaston no salão, Georges o interpela: "É a mulher, sim ou não?". Como Gaston não entende, Georges esclarece: "Eu digo que a vida é a mulher". Charles fala que não é absolutamente a mulher. E Motta-Père acha que é preciso escolher o meio-termo. Gaston pensa que essa é uma boa saída e faz, a seguir, uma reflexão: "Procura aprofundar a mulher, meu velho! Bourget, que é o mais fino conhecedor de amor que eu saiba, afirma que o homem tem a idade de seu sexo. E eu acrescentarei hoje – a mulher também, e não somente a idade, mas a vida de seu sexo". Georges acredita que Gaston esteja errado. Gaston só vê na mulher o lado material. E Georges remata: "Vale a pena dissipar toda uma existência colecionando corpos, simples corpos frágeis que, por sua própria natureza, não podem resistir aos homens? Procure ter as almas: você fracassará, sem dúvida. Ah! a alma delas!". Motta-Fils acha que elas não têm alma. Para Georges, elas têm. Somente, as almas escapam: "Elas se curvam às circunstâncias, permanecem um breve momento onde se quer que elas estejam, mas num piscar de olho, zás! ei-las que retomam seu misterioso vôo em direção ao vazio, ao nada...". Segundo Georges, o amor não revela as almas. Ele as veste muito bem. E não se poupa Georges uma imagem de mau gosto: "Ele é um grande costureiro da rue de la Paix, eis tudo!".

Georges racionaliza seu caso: "Querendo ser amado, eu amei". Alude à última aventura da juventude, mas à primeira de sua vida. Mas está claro que essa aventura ou é uma forma de tratar da situação com Natália, ou se aplica a ela. Ele pressentiu uma sombra entre os dois. Consente Georges em que a sombra teria possuído o corpo, o próprio coração da sua amada. Não a alma, porém. Os autores distinguem o coração da alma. Georges, depois de considerar a alma "sutil e temível", "inatingível", acabou por encontrá-la "fundida no corpo e no coração". Era isso o "amor-amor". Georges sai para jantar e Gaston troca com Charles as últimas palavras do ato. Gaston afirma que traiu Adão e ele lhe devolveu dobrado ("il m'a rendu le double"). Charles não admite que Gaston tenha feito a corte à velha mãe Eva. Isso quer dizer que o amigo se comunica por símbolos. Gaston tem a última réplica: "Entretanto, foi com Eva. Meu caso é um triste incesto simbólico!". Os próprios autores, como se vê, fazem uma exegese psicanalítica desse amor de Gaston por uma mulher inatingível – luta permanentemente renovada. Natália, essa Eva primeira mulher e mãe, seria o repouso, se ele a desvendasse. Natália-Eva-Landa, como Marcelle, na peça anterior, é inacessível, não obstante todas as provas de amor e de carinho. Não importa reconhecer que se está no território da psicanálise ao alcance de todos ao lembrar que Oswald se sentiu perdido no mundo, com a morte da mãe, sabida no regresso da Europa. Por isso Gaston pode julgar Natália, que lhe escapa entre os dedos, um caso de "triste incesto simbólico".

Concluído esse requisitório sobre a mulher, o terceiro e último ato funciona como uma espécie de epílogo, que se passa sete anos mais tarde, na casa de campo de Georges, num subúrbio de São Paulo. Ali está Gaston, dialogando com Emma, a filha mais velha de Natália e Georges, agora com 12 anos e que ele não viu mais desde os sete – o que equivale a dizer que se ausentou durante cinco anos. Os autores pintam Emma como uma menina perfeita, sem conseguir evitar que ela tenha um certo ar postiço. O céu, segundo ensinou o abade Giovanni a Emma, foi feito para as almas que rezam a Deus. Gaston pergunta-lhe o que é a alma e Emma responde: "A alma é o coração". Voltam na menina, como motivos recorrentes, os temas anteriores dos debates dos adultos. Emma diz que gosta de fechar Topsy, o cãozinho negro, na grande sala, enquanto ela se põe ao piano. Gaston observa: "... eu penso que mais tarde, você também, já que você é mulher, gostará de fazer com os homens o que você faz com o seu pobre cão". "Você quer dizer que eu sou má?" – indaga Emma. E Gaston conclui: "Não, eu quero dizer que é um prazer para as mulheres fazer berrar de dor".

Entra Georges, desvia uma pergunta inoportuna de Gaston dizendo que precisa mostrar-lhe sua biblioteca de patologia – a solidão levou-o a esses estudos. Georges poupou à filha a infelicidade de contar-lhe que a mãe abandonou um dia, por um caixeiro-viajante, "seu lar e sua honra"... Ele foi egoísta na dor: quis saboreá-la sozinho. Uma brincadeira de Gaston leva Georges a refletir que, depois de mais de quatro anos de Europa, ei-lo que retorna o mesmo *blagueur* de outrora. Georges o inveja e Gaston observa que "se inveja sempre a graça dos bufões!". Georges tem necessidade da companhia de Gaston: ele ainda ama Natália... Gaston a teria visto em algum lugar? Georges sabe que ela está na Europa. Procurou-a – admite Gaston: "E só encontrei sua igual em Tenerife, no fim de minha inútil peregrinação". Seria Natália? Deveria ser ela, porque Gaston teve o pressentimento, a certeza quase, a angústia. Depois, "era a paisagem trágica de sua alma". Acompanhada, mas sem Charlotte, que ela roubou de Georges. Gaston viajou muito e sofreu numerosos desastres amorosos para chegar onde está a respeito da mulher: "Agora eu me acostumo a ver a mulher antes como uma irmã". A mulher é como o homem, em matéria de amor: "A mesma coisa! A gente não se engana sobre ela, mas sobre seu tipo ideal". Gaston diz que, como Georges, se enganou acreditando ter possuído a alma. Depois: "Eu me tornei Don Juan por 'Love's labours lost' (*Trabalhos de amor perdidos*, comédia de Shakespeare, em cuja trama não vejo nada que pudesse referir-se a essa citação, parecendo-me que os autores se limitaram a utilizar o título). E me resignei a fazer cinismo em matéria de amor". No diálogo, os dois amigos caíram no que Gaston chama "o campo dos paradoxos, e ele fala que, há muito, definiu a mulher como "o animal subjetivo": "o que ela diz e o que ela faz só tem sentido para ela mesma!". Georges concorda: "Sim, elas são paradoxos de longos cabelos, ligeiros e ondulantes como sua alma!". E Gaston repete, para dar ênfase ao motivo do título: "A alma delas!" ("Leur âme!").

Na última cena, Emma acha-se contente com a chegada do abade Giovanni (não será exagerado caracterizar uma menina tão sábia, gostando de aulas de catecismo?). No caderno de lições de Emma, Gaston lê: "O amor é um dom de Deus". Ele pergunta se ela crê nisso e Emma, de novo com uma "sabedoria" acima de sua idade, replica: "Eu creio antes que é a obra do Diabo...". Gaston se espanta e Emma explica: "Porque todos os amores vêm do primeiro amor". Gaston está mais surpreso e Emma esclarece: "Adão e Eva... A Serpente...". Ela não submeteu essa reflexão ao abade Giovanni, porque não é louca. Longo silêncio. Gaston olha Emma de maneira estranha e chora: "Porque eu conheci... eu amei

uma mulher...". "Então?" – pergunta Emma. E Gaston termina a peça: "Ela se parecia com você...".
As qualidades e os defeitos são semelhantes aos de *Mon coeur balance*. Os autores têm o senso da construção teatral e o diálogo leve e fluente. Em pinceladas rápidas, esboça-se uma situação. Cada cena encadeia-se na anterior e prepara a seguinte. Esse é o instinto da composição dramática, que vai num crescendo até o desfecho. Quando o simbolismo tendia a esfumar as personagens e a esvaziar-lhes a corporeidade cênica, dissolvendo-as numa bruma sem ação efetiva, *Leur âme* observa com agudeza os diferentes tipos, e não se importa de criticar os indivíduos ocos do clube, como a peça anterior fizera com os freqüentadores do hotel elegante de praia. Equilibra-se muito bem na trama a observação realista dos costumes e a sondagem interior das personagens principais, e o jogo entre um e outro motivo ressalta a pintura de ambos. O gosto da blague, da frase inteligente e espirituosa corta a excessiva e inevitável superfetação dos debates sobre a mulher e o amor, convite permanente ao acacianismo. Se a psicologia não é tudo, é importante, como já está claro nas peças em francês, que Oswald tenha uma profunda intuição da coerência psicológica das personagens. Poderia estar mais bem fundamentada em *Leur âme*, por exemplo, a suposta traição de Georges a Natália, por ela referida no diálogo com Madame Lima. Mera suposição? Por que a certeza? Ou seria a desculpa tranqüilizadora para Natália trair Georges com Gaston? Os autores revelariam maior amadurecimento dramático se não descuidassem de um pormenor como esse. Para uma primeira experiência teatral, porém, a mestria técnica é mais do que animadora.

Guilherme de Almeida, que então assinava Guilherme de Andrade e Almeida, colou, num pequeno caderno de folhas quadriculadas e capa preta, os recortes de jornais, de janeiro de 1916, a propósito de *Mon coeur balance*. A mais antiga nota é do *Correio Paulistano* do dia 3, em que, depois de um comentário sobre a peça, está reproduzida a última cena do segundo ato. A crítica, não assinada, é do seguinte teor: "Os jovens intelectuais paulistas Oswald de Andrade e Guilherme de Andrade e Almeida concluíram há poucos dias uma bela peça teatral. O trabalho, muito interessante, compõe-se de quatro atos leves, em que desenvolveram a paixão insatisfeita de dois moços que amam, com os mesmos ardores e a mesma ternura, uma espirituosa senhorita da alta sociedade. Passam-se as cenas, de uma dialogação natural e sóbria, num hotel à beira-mar. Nelas, os jovens autores estudaram a psicologia de três corações, que, se aparentemente se compreendiam, contradiziam-se no fundo. Histórias de amor, comovidas e tristes, que falam ternamente à alma e que, representadas, farão com certeza a alegria dos amadores da grande arte. A peça, para nós, não devia ter sido, como foi, escrita em língua francesa. Se aquela literatura é já tão rica e a nossa relativamente paupérrima, por que motivo moços de tão formosos talentos, que todo o mundo sabe que conhecem profundamente a formosa língua de Victor Hugo, não se entregam exclusivamente à cultura do seu idioma, que foi também o de Machado de Assis e Eça de Queiroz, e que afinal em nada é inferior àquele que tem sido, infelizmente, o maior delírio das nossas gerações ilustres, medíocres e desclassificadas? Questão de gosto, talvez, ou de opinião. E a isso nos referimos apenas por um desencargo de consciência e talvez por extremado patriotismo, pois não é agradável constatar que, na hora em que Bilac fala do ressurgimento do nacionalismo, a nossa mocidade, tão brilhante e prometedora, fala, escreve e pensa... em francês".

Vários jornais de 5 de janeiro anunciam para o dia seguinte, na redação de *A Cigarra*, a leitura de *Mon coeur balance*, para a qual foram convidados amigos dos autores e representantes da imprensa. A notícia é repetida em vários jornais no dia da leitura, marcada para as 15 horas. E já no dia 7 começam a aparecer as críticas, de invariável cunho elogioso. *O Estado de S. Paulo* assim se pronuncia sobre a peça: "A comédia (cremos não errar chamando-lhe assim) é em quatro atos e escrita em francês. Por que em francês? perguntará o leitor, intrigado, achando que um Almeida e um Andrade, escrevendo no Brasil, para brasileiros, estavam na obrigação de escrever na língua deles e do País. Não podemos responder à pergunta, e não nos admiraremos se os próprios autores da peça não souberem responder satisfatoriamente. Diremos apenas que eles são moços, quase uns meninos, e que o verdor dos anos explica essa e outras extravagâncias. O enredo é simples. No Guarujá, no meio de um pequeno mundo frívolo e brilhante de fazendeiros viajados, de estrangeiros ricos e de "parvenus" indígenas e alienígenas, encontram-se e amam-se o jovem Gustavo e a jovem Helena (equívoco do comentarista: trata-se de Marcelle). (...) É muito simples, mas interessante. Interessante, sobretudo, pela maneira como isso está feito. Esse fiozinho delgado de enredo, desenrolando-se através de quatro atos, parecerá demasiado longo para tão pequena espessura. Não é. Pelo menos, não se nos afigurou tal. Os atos são quatro, mas breves e, além de breves, movimentados, cheios de cenas em que entram muitos comparsas e que rapidamente se sucedem. Essas cenas, formando o ambiente propício à aparição e às peripécias desses amores, que começam em 'flirts' ligeiros e acabam em súbitas decepções, estão todas em íntima conexão com a intriga, aumentam-lhe o interesse e compõem com ela, como resultado final, um quadro de costumes com uma 'tranche de vie'. A isto se resumem as intenções da peça. São modestas. Mas o quadro é bom e o pedaço de vida que o anima palpita e sangra deveras. A tessitura da comédia, o corte das cenas, a individualidade dos personagens, o diálogo, tudo revela grandes disposições para esse gênero de literatura. Foi o que nos pareceu, da leitura que ouvimos".

A edição noturna do *Estado* do mesmo dia 7 estampa a carta de uma leitora, que se assina Yayá Garcia, felicitando inicialmente os dois comediógrafos, para depois permitir-se algumas restrições. Afirma a missivista (que o jornal desconfia tratar-se de um funcionário do Correio, pela rapidez com que a carta chegou à redação): "Acrescentarei, porém, que de duas coisas não gostei na peça: o pretender a mesma lançar o ridículo sobre a sociedade que freqüenta o Guarujá, pintando-a como uma aglomeração de gente fútil e ostentadora, e o ser escrita em francês. Os autores deviam deixar essa preocupação do afrancesamento 'à outrance' aos 'parvenus' e aos 'snobs' que procuraram tornar ridículos na peça. Quanto ao mais, gostei francamente, e só espero, com ansiedade, poder aplaudir a comédia num dos nossos teatros, devidamente vertida para o português".

O comentário do *Correio Paulistano* de 7 de janeiro sublinha que o trabalho se funda "sobre o real da vida". O *Diário Popular* da mesma data escreve que o "entrecho é muito delicadamente concebido e desenvolve-se com a maior naturalidade no decurso da peça em que as cenas são por vezes cheias de emoção e dramatismo". No *Comércio de S. Paulo* do mesmo dia se lê: "Leve, cheia de graça, toda feita num estilo sóbrio e elegante, não se afastando nunca de impecável naturalidade, *Mon coeur balance*, vazada nos moldes modernos da comédia francesa, é, na realidade, um trabalho de mérito". É mais longa a crítica do *Pirralho* de 8 de janeiro, assinada por Dolor de Brito. O comentarista, depois de lembrar a ligação dos autores com a revista, diz que ouviu o texto na residência de Oswald. Segundo o seu depoimento, *Mon coeur balance* "nasceu de uma brincadeira literária e se transformou numa peça de valor": Guilherme e Oswald "um dia, combinaram fazer uma peça, que não seria publicada, para os íntimos, mero entretenimento literário. Mas a peça saiu tão boa que os amigos exigiram a publicidade, e se possível for a representação". Continua o comentarista: "*Mon coeur balance* é escrita em francês. Acham uns que é um defeito. Acham outros que não. Sendo a peça conjunto de cenas refinadamente elegantes, acham os segundos que só em francês poderia ser escrita. Os nacionalistas, os fascinados pela palavra mágica de Bilac, pensam que não. Enfim as obras de valor, uma vez acessíveis às nossas inteligências, sejam escritas em qualquer língua, serão sempre valiosas e dignas da nossa admiração". *Vida moderna* de 13 de janeiro toca também no problema da língua, afirmando: "A peça é em francês. Isso não vem ao caso e nem por isso se lhes pode fazer nenhum reproche. Machado de Assis também, na sua primeira mocidade, escrevia comédias em francês, que eram representadas por amadores, em teatrinhos particulares. De resto, eles são moços, e aos moços todas as audácias são permitidas".

A leitura na redação da *Cigarra* repercutiu até no Rio. *A Gazeta de Notícias* daquela cidade publicou, em 16 de janeiro, um comentário simpático, em que se lê: "A sua tentativa, que produziu estranheza, por ser em língua estrangeira, agradou plenamente, e atingiu, de modo brilhante, o fim almejado. *Mon coeur balance* é uma peça leve, cheia de 'verve', de idéias e de encanto; o diálogo flui natural e espontâneo, a contextura é acabada, o assunto é real, verdadeiro e atraente. Nesses quatro atos, que, fáceis, deslizam no quadro sugestivo de uma praia, durante uma estação 'chic', a vida palpita inteira, com todas as suas sutilezas, amargores, ridículos e chatices. (...) É uma peça que faz rir muitas vezes pelo seu espírito fino, mas deixa, no espírito, uma tênue sombra de tristeza íntima; há nela não sei que de nostálgico e de doloroso. Enfim, é como a vida, e basta".

O *Pirralho* de 22 de janeiro volta a tratar de *Mon coeur balance*, mas para defender a peça dos ataques da revista *Queixoso*. Assina o comentário Delicatus, que afirma ter *O Queixoso* escrito apenas: "A peça não é má – dizem". E continua: "Depois uma crítica mais ou menos absurda sobre o fato de ter sido a peça escrita em francês e umas vergastadas estalantes nos cabotinos de hoje em dia... Afinal de contas *O Queixoso* disse, nem mais nem menos, que os autores da peça são uns grandes cabotinos, que não poderiam provocar barulho em torno de seus nomes, se escrevessem em português, e que por isso se afrontaram a manejar o idioma de Rabelais". Acha Delicatus que, numa "cidade como a nossa em que, à parte o trabalho de uns poucos escritores de têmpera, a literatura vive num entorpecimento ininterrupto, (...) o aparecimento de *Mon coeur balance* que, incontestavelmente, revela grandes qualidades, quer literariamente, quer sob o ponto de vista da técnica teatral, devia ser registrado pelo *O Queixoso* com palavras, já não dizemos mais benévolas, mas pelo menos mais inteligentes". Termina Delicatus de forma incisiva: "Nós temos muita confiança no talento dos redatores da revista em questão, mas temos também a quase certeza de que eles todos reunidos não seriam capazes de escrever um ato sequer de *Mon coeur balance...* Em todo caso aí fica o repto".

A acolhida à leitura, no conjunto, foi extremamente favorável, muito mais calorosa e correta nas observações do que se poderia supor. Os elogios deveriam estimular os autores e os empresários a promoverem uma montagem, o que não ocorreu. Só há notícia da representação de um ato de *Leur âme*, no Municipal de São Paulo, pelos grandes nomes franceses Suzanne Desprès e Lugné Poe. Não me lembrei de perguntar a Guilherme de Almeida pormenores sobre essa encenação, e não lhe ocorreu também mencioná-los. Entretanto, o comentário publicado em *O Estado de S. Paulo* de 17 de dezembro de 1916, na seção "Palcos e Circos", justifica a observação de Oswald segundo a qual o ato de *Leur âme* representado por Suzanne Desprès foi recebido "com a maior e mais justa indiferença do público e da crítica" (Suplemento Literário de *O Estado de S. Paulo* de 24 de outubro de 1964, citado). O grande encenador francês Lugné Poe (1869-1940), que fundou o *Théâtre de l'Oeuvre*, onde o público parisiense pôde conhecer numerosas peças de Ibsen, Strindberg, Hauptmann, Björson e D'Annunzio, e ter a revelação de Maeterlinck e Claudel, fazia essa viagem improvisada à América do Sul para fugir à guerra em seu país. Acompanhavam-no somente Suzanne Desprès, sua esposa, e Annie Verneuil, e por isso as quatro récitas se fizeram com cenas de peças, declamação de poemas e palestras de Lugné Poe. No terceiro espetáculo, Suzanne Desprès interpretou *Poil de carotte* (*Pega fogo*), de Jules Renard, que se tornaria também um dos maiores êxitos de Cacilda Becker. E foi o seguinte o comentário publicado no *Estado* do dia 17, domingo: "Terminou ontem, no Municipal, a série de espetáculos organizados pelo Sr. Lugné Poe. A representação de ontem foi dedicada em grande parte a escritores brasileiros que têm escrito em francês. Não são muitos, como se sabe, nem é numerosa a obra dos poucos que se têm entregue a esse exercício literário. Ainda assim, o Sr. Lugné Poe colheu alguns versos a que a Sra. Suzanne Desprès comunicou a força vibrante da sua dicção, trechos de prosa e um ato de comédia. Os versos foram dos Srs. Jacques d'Avray e Tristan da Cunha, os deste recitados pela Sra. Verneuil, a prosa do Sr. Godofredo de Alencar e o ato dos Srs. Oswaldo de Andrade e Guilherme de Almeida. Nem tudo foi dito de cor. Na comédia, por exemplo, só a Sra. Desprès levou a gentileza ao extremo de apresentar a sua parte... O Sr. Lugné, além de seus trabalhos, leu a tradução das 'Pombas', de

Raymundo Corrêa, feita pelo Sr. Hippolito Pujol. O público compensou com boas palmas os esforços dos distintos artistas. Houve a mais os conhecidos números de canto e dança a que a Sra. Verneuil empresta a sua graça ligeira e um número de dança da jovem bailarina brasileira Carmen Lídia. Encerrou-se o espetáculo com a comédia de Banville – 'Le Beau Leandre'". (p. 7).

Guilherme de Almeida, segundo o testemunho de J. Galante de Sousa em *O teatro no Brasil* (Tomo II, p. 29), fez ainda para o teatro *Estudante poeta*, em 1943, com Jaime Barcelos. Mas foi o responsável por traduções primorosas, entre as quais *Entre quatro paredes* (*Huis Clos*), de Sartre, e sobretudo *Antígone*, de Sófocles, que passaram a enriquecer a literatura brasileira. Oswald, além dos manuscritos inacabados, só escreveu de novo para o palco na década de 1930, dessa vez em nossa língua, e com características totalmente diversas das peças em francês. É que ocorrera a Semana de Arte Moderna de 1922, em que ele se distinguiu como um dos principais animadores, e sua contribuição foi decisiva na poesia e no romance, sobretudo com as *Memórias sentimentais de João Miramar* e *Serafim Ponte Grande*. A partir da Semana de 1922 Oswald tomou plena consciência de sua missão revolucionária, na literatura, e não poderia ter mais sentido para ele a sensibilidade crepuscular de *Mon coeur balance* e *Leur âme*. Por isso, no prefácio de *Serafim Ponte Grande*, datado de fevereiro de 1933, antes que escrevesse as três peças em português, Oswald já trata dessa fase superada nos seguintes termos: "O mal foi ter eu medido o meu avanço sobre o cabresto metrificado e nacionalista de duas remotas alimárias – Bilac e Coelho Neto. O erro foi ter corrido na mesma pista inexistente" (obra citada, p. 131).

A Semana de Arte Moderna foi, fundamentalmente, a tomada de consciência do Brasil, numa dimensão universal. Nossa literatura não poderia continuar regida por padrões passadistas, desligada do fluxo renovador que se patenteava em todos os *ismos* europeus. Oswald conhecera, em Paris, o futurismo de Marinetti, que proclamava ser "um automóvel de corrida (...) mais bonito do que a *Vitória de Samotrácia*" (do primeiro manifesto futurista, publicado por Marinetti em francês, em *Le Figaro* de 20 de fevereiro de 1909). Ele queria uma arte em consonância com o tempo, sensível às grandes transformações da era industrial. Não é o caso, porém, de analisar em que medida Oswald realizou seus propósitos na poesia e no romance – o que escapa ao âmbito deste trabalho. Acho importante apenas, para situar o teatro modernista que Oswald escreveu, descobrir aqui e ali a sua própria visão do movimento. Ela ajudará a indicar as coordenadas de uma nova literatura dramática, à qual ele aludiu como uma "profecia" (*Ponta de lança*, p. 55).

Em *O caminho percorrido*, conferência pronunciada em maio de 1944, em Belo Horizonte, Oswald equipara o clima espiritual da Inconfidência Mineira do século XVIII – em que, ao lado dos rebeldes, "havia os estudantes brasileiros na Europa" – com o da Semana de Arte Moderna: "Em 22, o mesmo contato subversivo com a Europa se estabeleceu para dar força e direção aos anseios subjetivos nacionais, autorizados agora pela primeira indústria, como o outro o fora pela primeira mineração" (p. 118). Continua adiante Oswald: "É preciso compreender o modernismo com suas causas materiais e fecundantes, hauridas no parque industrial de São Paulo, com seus compromissos de classe no período áureo-burguês do primeiro café valorizado, enfim com o seu lancinante divisor das águas que foi a Antropofagia (por ele lançada) nos prenúncios do abalo mundial de Wall-Street. O modernismo é um diagrama da alta do café, da quebra e da revolução brasileira. Quando o Sr. José Américo de Almeida mostrou a senda nova do romance social, se tinham já dividido em vendavais políticos os grupos literários saídos da Semana. A Semana dera a ganga expressional em que se envolveriam as bandeiras mais opostas. Dela saíra o 'Pau Brasil', indicando uma poesia de exportação contra a velha poesia de importação que amarrava a nossa língua. E de 'Pau Brasil' sairia na direção do nosso primitivo, do 'bom canibal' de Montaigne e Rousseau. Se me perguntarem o que é 'Pau Brasil' eu não vos indicarei o meu livro – paradigma de 1925 –, mas vos mostrarei os poetas que o superaram – Carlos Drummond de Andrade, Murilo Mendes, Ascenso Ferreira, Sérgio Milliet e Jorge de Lima. É o Norte e o Sul. Se alguma coisa eu trouxe das minhas viagens à Europa dentre duas guerras, foi o Brasil mesmo. O primitivismo nativo era o nosso único achado de 22, o que acoroçoava então em nós, Blaise Cendrars, esse grande 'globe-trotter' suíço já chamado 'pirata do Lago Lemano', e que de fato veio se afogar, não numa praia nativa, mas num fundo de garrafa da política de Vichy. A Antropofagia foi, na primeira década do modernismo, o ápice ideológico, o primeiro contato com nossa realidade política porque dividiu e orientou no sentido do futuro" (p. 120-1).

Numa carta dirigida ao escritor Leo Vaz (também publicada em *Ponta de lança*), Oswald esclarece outro aspecto de sua jornada renovadora: "Confesso, meu prezado companheiro de 'garçonnière' de 1919, que a revolução modernista eu a fiz mais contra mim mesmo que contra você ou o prezado leitor Sr. Zampeta. Pois eu temia era escrever bonito demais. Temia fazer a carreira literária de Paulo Setúbal. Se eu não destroçasse todo o velho material lingüístico que utilizava, amarrasse-o de novo nas formas agrestes do modernismo, minha literatura aguava e eu ficava parecido com Danunzio ou com você. Não quero depreciar nenhuma dessas expressões da mundial literatura. Mas sempre enfezei em ser eu mesmo. Mau mas eu" (p. 16).

A virulência, o radicalismo, a falta de acomodação a quaisquer compromissos menores acabaram por isolar Oswald, que sofreu a solidão do pioneiro. Não sei bem por que, na década de 1940, ele não era totalmente levado a sério. Nessa conferência que Oswald pronunciou em Belo Horizonte, por exemplo, Otto Lara Resende interpelou-o a respeito de religião, e só mais tarde, quando vim a lê-la no volume *Ponta de lança*, percebi a sua importância. Espalhou-se pelo Brasil a fama de que Oswald fora um excelente demolidor, mas sua obra não tinha consistência, não mostrava a elaboração paciente dos escritores que ficam. Essa situação não escapou a Oswald, que no artigo "Fraternidade de Jorge Amado", coligido em *Ponta de lança*, escreveu: "Quando, depois de uma frase brilhante em que realizei os 'salões' do modernismo e mantive contato com a Paris de Cocteau e de Picasso, quando num dia só de debacle do café, em 1929, perdi tudo – os que se sentavam à minha mesa iniciaram uma tenaz campanha de desmoralização contra meus dias. Fecharam então num cochicho beiçudo o diz-que-diz que havia de isolar minha perseguida pobreza nas prisões e nas fugas. Criou-se então a fábula de que eu só fazia piada e irreverência, e uma cortina de silêncio tentou encobrir a ação pioneira que dera o 'Pau Brasil', donde, no depoimento atual de Vinícius de Moraes, saíram todos os elementos da moderna poesia brasileira. Foi propositadamente esquecida a prosa renovada de 22, para a qual eu contribuí com a experiência das *Memórias sentimentais de João Miramar.* Tudo em torno de mim foi hostilidade calculada" (p. 36-37).

Talvez o ressentimento provocado pelas conseqüências de suas dificuldades econômicas tenha levado Oswald a repensar o mundo, o que redundou na adesão ao comunismo em 1931. No prefácio de *Serafim Ponte Grande*, ele critica o próprio passado, sem complacência: "A situação 'revolucionária' desta bosta mental sul-americana apresentava-se assim: o contrário do burguês não era o proletário – era o boêmio! As massas, ignoradas no território e como hoje, sob a completa devassidão econômica dos políticos e dos ricos. Os intelectuais brincando de roda. De vez em quando davam tiros entre rimas. O único sujeito que conhecia a questão social vinha a ser meu primo-torto Domingos Ribeiro Filho, prestigiado no Café Papagaio. Com pouco dinheiro, mas fora do eixo revolucionário do mundo, ignorando o Manifesto Comunista e não querendo ser burguês, passei naturalmente a ser boêmio". Mais adiante, Oswald diz que "tinha passado por Londres, de barba, sem perceber Karl Marx" (em *Um homem sem profissão*, Oswald retoma esse motivo, escrevendo: "Assisti a um comício em fila triste e pacífica sob o feroz cassetete dos guardas da polícia inglesa. Estávamos, evidentemente, na Inglaterra de Marx. E eu não sabia" – p. 117-118). Na profissão de fé, Oswald se confessa possuído de uma única vontade: "Ser, pelo menos, casaca de ferro na Revolução Proletária". *O rei da vela*, *O homem e o cavalo* e *A morta*, elaboradas durante essa nova fase do escritor e sem dúvida a sua produção mais importante da década de 1930, não poderiam deixar de estar impregnadas por esse espírito revolucionário. Criadas no ardor da combatividade política, as três peças têm um cunho muito diverso da obra anterior e só se aparentam, em parte, sob o prisma ideológico, ao romance mural *Marco zero*.

Dos vários pronunciamentos de Oswald sobre o teatro, que tive a oportunidade de ler, o que a meu ver melhor exprime o seu ideário estético é o artigo "Do teatro, que é bom..." (1943), transcrito também em *Ponta de lança*. Posterior de alguns anos às suas peças, o artigo sintetiza o que Oswald pensava dessa arte e que, por certo, norteou a fatura delas. No diálogo travado com um interlocutor imaginário, Oswald afirma: "Se amanhã se unificarem os meios de produção, o que parece possível, já não haverá dificuldades em reeducar o mundo, através da tela e do rádio, do teatro de choque e do estádio. É a era da máquina que atinge seu zênite. Por isso mesmo, meus reparos são contra o 'teatro de câmera' que esses meninos (os amadores) cultivam, em vez de se entusiasmarem pelo teatro sadio e popular, pelo teatro social ou simplesmente pelo teatro modernista, que ao menos uma vantagem traz, a mudança de qualquer coisa". Oswald tinha esse pensamento explícito em 1943 e, excetuadas as experiências soviéticas e as de Max Reinhardt, Piscator e Brecht, na Alemanha, a França, país com o qual nossos contatos eram maiores, só conhecia no campo do teatro popular Firmin Gémier, cujas idéias frutificaram na década de 50. Dentro do teatro brasileiro, a preocupação de Oswald, por estar tão à frente da época, parecia não pertencer à realidade (em 1945 Joracy Camargo publicou o livro *O teatro soviético*, pela Cia. Editora Leitura).

Embora, em 1943, o Brasil não mantivesse contato cultural com a Europa, por causa da guerra, Oswald mostrava um perfeito conhecimento dos valores teatrais em voga. Ele atribui o sucesso de Jules Romains e o de Giraudoux a Jouvet, o que revela uma acuidade crítica incomum. Observa Oswald: "A França nestes últimos tempos tem aprimorado a expressão cênica. Uma reação admirável contra o abastardamento trazido pelo cinema. Sentindo-se atacado, o teatro melhorou, produziu o Vieux Colombier, o Atelier, alguns minúsculos palcos de escol, onde se refugiou o espírito nessa fabulosa Paris que a bota imunda do guarda-floresta Hitler tenta inutilmente pisar... Veja como, graças aos Dullin, aos Pitoeff, aos Copeau, o teatro soube reacender a sua flama que parecia extinta...". O interlocutor lembra Meyerhold e "as fabulosas transformações da cena russa, a fim de levar à massa o espetáculo, a alegria e a ética do espetáculo... Tudo o que tinha sido anunciado por Górki". E, quando se contesta esse conceito com a observação de que Bragaglia também tentou, vem o esclarecimento corretíssimo: "Não, Bragaglia funcionou no pequeno laboratório modernista das experiências que você acaba de citar... São ainda e sempre o 'teatro de câmera'. A réplica cenográfica do paradoxo de Pirandello. Não vou negar, nem ao próprio Bragaglia nem ao próprio Pirandello, o valor dessas pesquisas nos dois campos, da plástica cênica e da ótica psíquica... Mas isso não corresponde mais aos anseios do povo que quer saber, que tem direito de conhecer e de ver... Essas experiências intelectualistas são uma degenerescência da própria arte teatral, da própria finalidade do teatro que tem a sua grande linha dos gregos a Goldoni, à 'Commedia dell'Arte', e ao teatro de Molière e Shakespeare... E que um dia, talvez breve, há de somar num sentido honesto, Wagner e Oberamergau...". Muitas dessas idéias foram retomadas por teóricos bem posteriores a Oswald.

Mas a análise não pára aí. Surge uma pergunta: "Por que será que essa concepção de teatro de massa que você atira nas costas do classicismo para justificar o seu Meyerhold teria estagnado do século XVIII para cá?". E é esta a resposta: "Pela simples interferência vitoriosa do individualismo em seu apogeu. Como a pintura desceu do mural, abandonou as paredes das igrejas e se fixou no cavalete, o teatro deixou o seu sentido inicial, que era o de espetáculo popular e educativo, para se tornar um minarete de paixões pessoais, uma simples magnésia para as dispepsias mentais dos burgueses bem jantados. Daí a sua decadência enorme em todo o século XIX. A própria pujança de Hugo, com o seu prefácio do Ernani, o seu Ruy Blas, não teve a 'prise' que podia ter na cena. O romantismo estragou lá Hugo, e aqui, Gonçalves Dias...". Oswald demonstra um bom conhecimento de Ibsen e, em vez de encerrá-lo no psicologismo realista, que o empobrece muito, conclui sobre ele: "Está aí um teatro para hoje, um teatro de estádio... participante dos debates do homem...". Depois, Oswald aponta, em meio a tantas obras, que ofuscariam um gosto menos seguro, a importância fundamental de *Ubu rei*, de Jarry (estreada em 1896 no *Théâtre de l'Oeuvre* de Paris), origem de toda a vanguarda moderna e, até hoje, não superada por nenhuma outra peça, presa apenas a um dos seus aspectos. Escreveu Oswald: "A França deu, nestes últimos tempos, também uma grande farsa, que não fica longe dos mistérios medievais, ou melhor, das suas grandes jocosidades que Jacques Copeau reconstituiu nos dias magníficos do Vieux Colombier. Foi o *Ubu* de Jarry, onde o Rabelais represado pela burguesia de bons costumes, que vem de Lesage a Flaubert, havia de trazer a nós todos a esperança de sua imortalidade". Oswald ressalta, a seguir, a possibilidade de Erik Satie, que entretanto não chegou a fazer a síntese do "grande espetáculo moderno que devia ser a ópera". Menciona, ainda, Claudel e Milhaud, e insiste na idéia da ópera como "o grande teatro moderno", sendo que ele nunca havia gostado da tradicional ópera italiana (em *Um homem sem profissão*, Oswald conta que uma vez foi ver a ópera no Coventry Garden, em Londres, a qual lhe pareceu, "como toda a ópera, uma luzida droga" – p. 117). O raciocínio se completa assim: "Tudo isso indica o aparelhamento que a era da máquina, com o populismo de Stravinski, as locomotivas de Poulenc, as metralhadoras de Shostacovitch na música, a arquitetura monumental de Fernand Leger e a encenação de Meyerhold, propõe aos estádios de nossa época, onde há de se tornar uma realidade o teatro de amanhã, como foi o teatro na Grécia, o teatro para a vontade do povo e a emoção do povo...". Conceito de um teatro total, generoso e aberto, muito distante até daquele praticado pelos Comediantes, grupo amador originário do Rio, que era então a mais valiosa realidade do palco brasileiro.

Oswald viu com objetividade, também, a situação do teatro espanhol desse tempo: "Como teria sido agora na Espanha se acontecesse o contrário do que aconteceu: – para a mediocridade de Jacinto Benavente o prêmio Nobel e para Frederico Garcia Lorca o pelotão da madrugada. Mas é pelo teatro popular indicado por esse Whitman moderno que se venha talvez a realizar a estética coletivista de Meyerhold e Tairov" *(Ponta de lança*, p. 114). E, numa forma sintética lapidar, Oswald estabeleceu a diferença entre

Shakespeare e Calderon: "Shakespeare superou Calderon como a Inglaterra derrotou a invencível Armada. A época era humanística e não católica". Por iluminações, sempre perfeitas, Oswald enxergava a verdade indiscutível, que escapava em geral aos eruditos menos intuitivos.

O ideário estético de Oswald comungou com os teóricos do nosso tempo que pretenderam revitalizar o palco pelos padrões da grandeza grega e medieval. Não importava a concorrência do cinema, arte de massa (e agora da televisão): se o teatro reencontrasse a linguagem dos períodos áureos, congregaria de novo o povo em amplas assembléias coletivas. Nos últimos tempos, sobretudo com as pesquisas do teórico e encenador polonês Jerzy Grotówski, essa esperança parece uma miragem. Grotówski acha que o teatro, como veículo de massa, foi inteiramente substituído pelas artes da era industrial. Ele subsiste e pode ser importante pela sua especificidade – o contato direto entre ator e público, que dispensa cenários, figurinos e quaisquer outros acessórios. Para que se processe a integração perfeita instaurada pela presença física do ator, de 40 a 60 pessoas formam o público ideal – nunca mais de 90, de qualquer modo. Sob um prisma rigoroso de assimilação da plena capacidade do intérprete, sem dúvida Grotówski tem razão. Mas talvez sua arte, apesar dos protestos que em boa hora ele fez, encerre um inevitável cunho elitista. E ela perde, exatamente pelo rigor estilístico, uma dimensão de outro feitio, propiciada pelas amplas platéias – o contato do espectador também com um grande número de espectadores, que participa do mistério teatral. Por mais perfeito que seja o espetáculo grotowskiano, suponho que, pelas suas características, ele sempre sugira a idéia de "laboratório", contida aliás no nome do grupo. A estética de Grotówski, expressa sobretudo no livro *Em busca de um teatro pobre* (Editora Civilização Brasileira, 1971), parece nascida do desespero cênico ante a investida vitoriosa das artes industriais. A não ser que receba grandes subsídios, um conjunto com as características advogadas por Grotówski não tem condições financeiras de subsistir. E é possível encontrar um meio-termo entre uma exigência artística rigorosa e uma platéia mais vasta que permita a manutenção do grupo e ao mesmo tempo proporcione uma comunhão artística, vedada talvez à presença de apenas 40 espectadores.

Oswald, que observou o maior rigor estético na criação de seu teatro, não o queria para pequenas assembléias. O coração grande e generoso, de que nasceram as três peças em português, sonhava com a comunhão de um público de estádio. Tudo isso estava em dissonância com a mediocridade teatral do tempo em que ele escreveu. Não lhe foram dadas as amplas nem as pequenas assembléias. Oswald teve de contentar-se com a publicação em livro – espera para dias melhores. Criou-se, em teatro, o preconceito segundo o qual uma obra importante nasce para a expectativa do momento em que é encenada. Dessa forma, a dramaturgia não teria muito lugar para os precursores. Se esse raciocínio é correto para a maioria dos gênios, ele deixa de lado, até certo ponto, um Eurípides, mais bem compreendido pelas gerações posteriores; no século XIX, um Büchner e um Musset, que só alcançaram voga muito depois da morte; e mesmo um Jarry, que só teve *Ubu rei* verdadeiramente valorizado pelos vanguardistas do século XX.

A obra de Oswald pertence a esse diminuto mas não menos significativo número de dramaturgos que escreveram para o futuro. Um exame do repertório levado no Rio e em São Paulo, na década de 1930, prova que não havia lugar ali para as peças de Oswald. Acresce que, editadas *O rei da vela* e *A morta*, em 1937, pela José Olympio, o Estado Novo, que iniciou em 10 de novembro daquele ano a longa ditadura de Getúlio Vargas (nos moldes do fascismo, do nazismo, do salazarismo e do franquismo), nunca permitiria a sua montagem. Até 1945, pelo menos, quando caiu a ditadura, não havia nenhuma chance para Oswald. Ficou provisoriamente vitoriosa a outra facção saída do modernismo – a que sustentou todos os grupos de direita. Mas, iniciado o processo da pretensa redemocratização do País, impunham-se outras tarefas mais urgentes que a de procurar na biblioteca os volumes escondidos de Oswald. A censura, por outro lado, não se tornara mais amena. Durante todo o período de retorno ao voto popular, foram proibidas

As peças em francês

diversas peças de Nelson Rodrigues, o escritor que timbrou em definir-se politicamente como reacionário. Como explicar, então, a estréia de *O rei da vela*, em 1967, depois do golpe de 1964? A verdade é que, de um lado, o governo não conseguiu estancar o processo em desenvolvimento do teatro brasileiro; e, de outro, talvez ele não atribuísse ao teatro, dirigido a uma camada mínima da população, força de proselitismo capaz de pô-lo em xeque. Até o Ato Institucional nº 5, de 13 de dezembro de 1968, pode-se dizer que o nosso teatro conheceu uma liberdade nunca vista antes. E foi nesse clima de euforia que, depois de pré-estréias dedicadas a estudantes, no dia 29 de setembro de 1967, no Teatro Oficina de São Paulo, pela mão do diretor José Celso Martinez Corrêa, explodiu a vitalidade maravilhosa de *O rei da vela*.

O REI DA VELA

*E*scrita a partir de 1933, depois da crise mundial de 1929 (que o arruinara), da Revolução de 1930 e da Revolução Constitucionalista de 1932 (quando ele já aderira ao comunismo), O rei da vela representa a análise furiosa feita por Oswald da realidade brasileira e das classes dominantes a que pertencia por origem e cujos reveses tornaram tão agudo o seu conhecimento dos problemas. Neófito no marxismo, que não tinha tradição de estudos teóricos no Brasil, Oswald só poderia utilizar um instrumental de grandes linhas, submetendo os fenômenos às generalidades, aos amplos esquemas da visão política. Se esse método não é o mais indicado para estruturas complexas, que rompem os limites das observações sumárias, no caso do Brasil ele tinha a vantagem de apontar com nitidez os contornos e oferecer um diagnóstico preciso da moléstia nacional. Oswald viu, sem falsas sutilezas, a engrenagem que movimentava (ou paralisava) o País. Expô-la a nu, num quadro que não escamoteava nenhum dado, foi a primeira virtude admirável de O rei da vela.

Que personagens exprimiriam melhor esse retrato sem retoques do Brasil? Antes de todo o mundo, o industrial incipiente de um país subdesenvolvido, fabricante do único produto de consumo certo – a vela que acompanha todos os mortos. E a vela simboliza também a outra profissão de um país hipotecado – a agiotagem, esperança dos devedores contumazes, entre os quais se incluía o próprio Oswald. A esse industrial de vela e agiota Oswald deu o nome de Abelardo, para enriquecê-lo com a conotação do famoso amante do século XII, um dos símbolos do amor desesperado e romântico, vítima da sociedade, ao tentar quebrar-lhe as barreiras, no amor de Heloísa. Se há Abelardo, é claro que Heloísa deve estar a seu lado, como na história. Só que o século XX não admitiria efusões românticas e Oswald faz a paródia do amor puro e perfeito. Heloísa é filha do Coronel Belarmino, aristocrata rural de São Paulo, arruinado com a crise do café, e tentando, com a aliança da burguesia urbana em ascensão, a saída que não traz um Banco Hipotecário, sempre adiado. Esse é o painel das classes dominantes brasileiras, que estariam com o ciclo completo se a nossa economia fosse auto-suficiente. Mas acontece que, a essa altura dos acontecimentos internacionais, ela já é tributária da norte-americana (não mais da inglesa), e o tabuleiro de forças precisava conter a figura indefectível de um Mr. Jones, presidindo os negócios (nesse universo, tudo é negócio). Essas são as peças-mestras do jogo armado por Oswald, que preferiu desmontar a engrenagem nos seus elementos fundamentais, em vez de escamoteá-la com criaturas menos exemplificativas.

O primeiro ato passa-se no escritório de usura de Abelardo & Abelardo. Significativamente, Oswald denominou também Abelardo, ou melhor, Abelardo II, o companheiro de escritório de Abelardo I, porque, exercendo as mesmas funções, como peças semelhantes desse mecanismo, não há razão para que tenham nomes diferentes. O nome idêntico, aliás, sublinha a igualdade de ambos, meros objetos e não sujeitos do processo a que pertencem. O cenário mistura indicações realistas, extraídas dos escritórios que Oswald freqüentava diariamente, na necessidade de superar a crise financeira; dados simbólicos, como um "mostruário de velas de todos os tamanhos e de todas as cores", e uma jaula, onde se amontoavam os devedores; e a sugestão expressionista do prontuário, peça de gavetas com os rótulos: Malandros, Impontuais, Prontos, Protestados e, em outra divisão, Penhoras, Liquidações, Suicídios e Tangas. Abelardo I já surge em conversa com um cliente, cujo nome – Manoel Pitanga de Moraes – é um índice semântico de sua situação. Abelardo II, auxiliar de Abelardo I e executor de suas ordens, usa botas e um completo de domador de feras, num sintoma de que a indumentária sintetiza a função da personagem e não é apenas o seu signo realista. No rápido diálogo entre Abelardo I e o Cliente, explica-se todo o *back-ground* histórico, responsável pela dívida. O Cliente era proprietário quando surgiu ali pela primeira vez. Depois tornou-se funcionário da Estrada de Ferro Sorocabana e o primeiro empréstimo se destinou ao parto da mulher. Era em fins de 1929 – ano da crise. O segundo empréstimo veio cobrir um atraso no pagamento da Estrada, por causa da Revolução de 30. Abelardo afirma que "o sistema da casa é reformar", mas a garantia da reforma nasce do pagamento dos juros. Como o Cliente suspendeu o serviço de juros, "cometeu a maior falta contra a segurança do nosso negócio e o sistema da casa...". O Cliente propõe um acordo: uma pequena redução no capital, e isso depois de haver dito que não se utilizou da lei contra a usura. Abelardo I chama essa lei de "coisa imoral e iníqua" e pergunta ao Cliente: "Foi o meu automóvel que parou diante do seu casebre para pedir que aceitasse o meu dinheiro?". Abelardo I expulsa-o, tranqüilo porque "a polícia ainda existe...". Ao que o Cliente replica: "Para defender os capitalistas! E os seus crimes!". Só resta a Abelardo I mandar executar o Cliente, ou, em outras palavras: "Fuzile-o. É o sistema da casa".

Expulso o Cliente, Abelardo I diz a Abelardo II para não entrar mais ninguém: "... esta cena basta para nos identificar perante o público. Não preciso mais falar com nenhum dos meus clientes. São todos iguais". Com intuição genial dos processos antiilusionistas, de que ele devia ter ciência somente por informações a respeito de Meyerhold e Piscator (já que Brecht apenas se iniciava e não era ainda muito divulgado nem na França), Oswald utiliza aí a técnica do "distanciamento" ou "estranhamento", com duas vantagens. A primeira é a de simplificar o que pretende exibir para os espectadores, não os cansando com várias cenas idênticas. O diálogo com esse Cliente tem mérito exemplar completo. E a segunda é a de manter viva a capacidade de raciocínio da platéia, que pensa imediatamente, movida pelo convite à crítica, feito por Abelardo. O diálogo que se segue, em tom de conversa, se sustenta pelas pílulas cômicas destiladas por Oswald: "Família é uma coisa distinta. Prole é de proletário. A família requer a propriedade e vice-versa"; "... a família e a propriedade são duas garotas que freqüentam a mesma *garçonnière*, a mesma farra... quando o pão sobra... Mas, quando o pão falta, uma sai pela porta e a outra voa pela janela...". Oswald estava imbuído das teses marxistas, segundo as quais através da família se perpetua a propriedade, e através desta a injustiça social... Abelardo I já menciona o apelido de sua Heloísa de Lesbos... E explica: "Fizeram piada quando comprei uma ilha no Rio, para nos casarmos. Disseram que era na Grécia". A família de Heloísa é uma "das famílias fundamentais do Império". Se o seu pai "está de tanga", não importa: "Para nós, homens adiantados que só conhecemos uma coisa fria, o valor do dinheiro, comprar esses restos de brasão ainda é negócio, faz vista num país medieval como o nosso! O senhor sabe que São Paulo só tem dez famílias?". A burguesia ascendente procura um *status* social superior, pela aristocratização advinda do matrimônio. Esse é um dos temas sugestivos da vida das metrópoles, tratado mais tarde, na década de 60, por Jorge Andrade, no seu maior êxito de público – *Os ossos do Barão*. Só que aqui a aliança é do filho do imigrante enriquecido, Martino Ghirotto, com a filha do aristocrata decadente, Izabel Camargo Parente de Rendon Pompeo e Taques. Se São Paulo só tem dez famílias, "o resto é prole" – diz Abelardo I. E essa compra dos velhos brasões, que "até parece teatro do século XIX", "no Brasil ainda é novo". Através da réplica de Abelardo II, Oswald pronuncia uma verdade sua que poderia servir de epígrafe à peça: "A burguesia só produziu um teatro de classe. A apresentação da classe. Hoje evoluímos. Chegamos à espinafração". *O rei da vela*, fundamentalmente, espinafra. Tudo e todos. Faz tábua rasa dos valores convencionais. Destrói, como violenta arma de desmascaramento.

Trata-se, a seguir, da situação dos devedores. Ou se reforma ou se manda para protesto. Uma promissória é do funcionário público Pires Limpo, que "está limpo e de pires". Há a penhora dos móveis de uma viúva. Abelardo II observa que "só se pode prosperar à custa de muita desgraça". Abelardo I diz que é a única maneira de garantir os seus depositantes. Se não tira do outro lado, não poderia oferecer os juros que os bancos não pagam. Ao telefone, chama o advogado, irmão de Abelardo I. Entrou com três executivos e um devedor quer se prevalecer da lei de usura. Abelardo I não tem complacência: "Linche esse camarada. Ponha flite nele e acenda um fósforo!". Para ele, os que desejam prevalecer-se das leis sociais são uma súcia de desonestos: "Intervir nos juros. Cercear o sagrado direito de emprestar o meu dinheiro à taxa que eu quiser!". Esse seria o princípio do liberalismo econômico absoluto... Abelardo I, em todos os campos em que atua, representa uma situação-limite, um exagero lucidamente calculado para ilustrar com didatismo uma verdade. Irritado com os descontentes, Abelardo I manda abrir a jaula (onde se encontram as feras acuadas pela sua agiotagem) e diz que não fará nem mais um negócio: "Vou fechar esta bagunça". E todos, então, imploram a sua piedade. Estão ali uma mulher, uma francesa, um russo branco, um turco etc. Todas as nacionalidades, representadas no cadinho racial de São Paulo, se dependuram no crédito aberto por Abelardo I. Depois, é um padre ao telefone. Não quer dinheiro, mas a alma de Abelardo I. Abelardo II lhe fala: "Ele prefere tratar desde já do seu testamento". Se Abelardo I morre ateu e casado, é isso que o padre quer: a viúva cuidará da alma... Abelardo I pergunta então a Abelardo II se ele é socialista. A resposta vem pronta: "Sou o primeiro socialista que aparece no Teatro Brasileiro". Mais um efeito antiilusionista, para marcar-se essa presença estranha. Mas o socialista não faz profissão de fé política. Diz a Abelardo I, sem rodeios, que o que deseja é sucedê-lo naquela mesa. Essa era a visão que os comunistas tinham dos socialistas, para eles aliados dos proprietários... O oportunismo atribuído por Oswald aos socialistas explicará depois o desfecho da peça.

Os dois examinam, a seguir, uma proposta de Carmo Belatine, fabricante de salsichas e comprador de um terreno na Lapa. Mais uma oportunidade para tratarem de problemas sociais. Depois, Abelardo I chama a Secretária nº 3 (o número que lhe é dado define-a como objeto), para ditar-lhe uma carta. A cena serve para apresentar-se a tradicional tentativa de conquista da empregada pelo patrão. Quando ela se declara noiva e fiel, resta a Abelardo I a saída grosseira: "Depois, não venha fazer vales aqui, hein". A carta é para "um tal Cristiano de Bensaúde", industrial no Rio, que não será difícil identificar como o escritor Tristão de Ataíde, naquele tempo sob a sedução da direita. Abelardo I faz perfídia: "O homem foi crítico literário e avançado, quando era pronto... Ele me escreveu propondo frente única contra os operários". Abelardo I não apóia o método religioso: "Esse negócio de escrever livros de sociologia com anjos é contraproducente. Ninguém mais crê. Fica ridículo para nós, industriais avançados". Sai a Secretária, chamando Abelardo I de garanhão, e esbarra com Heloísa de Lesbos, que chega vestida de homem. Mal Abelardo I observa que é hora do expediente, Heloísa replica, na sua primeira fala: "O nosso casamento é um negócio...". Mais um elemento antiilusionista, conduzindo o leitor pela idéia da "espinafração". Nesse teatro, não há censura, que levaria as personagens a utilizar uma linguagem hipócrita, de conveniência social. Elas abolem as amarras coercitivas e exprimem o próprio subconsciente, liberto de qualquer camada repressora. Abelardo chama de ingratos os seus devedores: "Matei-lhes a fome! Dei-lhes ilusões!". E ele os trata assim agora, para presentear uma ilha a Heloísa: "Uma ilha para você só!".

Abelardo II anuncia a presença de um intelectual, que deseja fazer a biografia ilustrada de Abelardo I. O intelectual Pinote entra com uma faca enorme de madeira como bengala, e Abelardo II arranca-lhe essa arma simbólica (o nome Pinote lembraria o de Menotti Del Picchia, que aliás os modernistas, em caçoada, chamavam de Pinotti Del Micchia. Está claro que, à semelhança de Cristiano de Bensaúde e de outras personagens, Oswald se valia de uma sugestão do modelo para criar uma figura própria, moldada segundo os seus intuitos polêmicos). O visitante se define: "Eu sou biógrafo. Vivo da minha pena. Não tenho mais idade para cultivar o romance, a poesia... O teatro nacional virou teatro de tese. E eu confesso a minha ignorância, não entendo de política. Nem quero entender...". Se foi revoltado no colégio, hoje é quase um conservador. O povo para ele cheira mal. Pinote cultiva os grandes homens: "Pretendo fazer como Ludwig. Escrever as grandes vidas! Não há mais nobre missão sobre o planeta. Os heróis da época". Abelardo I acha que essa tarefa pode ser perigosa: "Imagine se o senhor escreve sobre a revolta dos marinheiros pondo em relevo o João Cândido..." (episódio que Oswald presenciou no Rio e é evocado nas memórias com grande admiração – p. 93 a 98). Pinote estaria escrevendo a vida de Paschoal Carlos Magno (evidente caçoada de Oswald, de que ele se retrata, mais tarde, valorizando a grande contribuição de Paschoal ao teatro brasileiro). Pinote quer ser um Delly social, o que Abelardo I julga uma literatura bestificante. Quando Pinote fala que Freud é subversivo, Abelardo I responde que, "se não fosse ele, nós estávamos muito mais desmascarados. Ele ignora a luta de classes! Ou finge ignorar. É uma grande coisa!". Essa é uma velha polêmica dos marxistas contra a psicanálise que, remoendo o passado do indivíduo, teria um efeito alienante, de eludir a questão social. Como a literatura de ficção não dá nada, no Brasil, Pinote não a pratica, o que leva Abelardo I a exprimir, com toda franqueza, a opinião dos donos da vida sobre os intelectuais: "Sim, a de fricção é que rende. É preciso ser assim, meu amigo. Imagine se vocês que escrevem fossem independentes! Seria o dilúvio! A subversão total. O dinheiro só é útil nas mãos dos que não têm talento. Vocês escritores, artistas, precisam ser mantidos pela sociedade na mais dura e permanente miséria! Para servirem como bons lacaios, obedientes e prestimosos. É a vossa função social!". Com clareza incisiva, Oswald expõe a situação do intelectual brasileiro em qualquer campo, reduzido à miséria por aqueles que pretendem convertê-lo em lacaio, mesmo sem o conseguir. Na sua abdicação contínua, Pinote passou de futurista a passadista. Procura salvar-se, pela neutralidade. Mas essa neutralidade não interessa mais aos poderosos. Abelardo afirma que "ou se serve os de baixo" ou "então francamente os de cima. Mas não é só com biografias neutras... Precisamos de lacaios...". Abelardo I tem a virtude da rudeza total, sem mistificação. Ele, em si, já é a própria mistificação, e por isso não mistifica mais, no trato com os outros. Pinote lembra: "Mas dizem por aí que a Revolução Social está próxima. Em todo o mundo. Se a coisa virar?". Pinote fala nas crianças e Abelardo I o despede: "Saia já daqui! Vilão! Oportunista! Não leva nem dez mil-réis, creia! A minha classe precisa de lacaios. A burguesia exige definições! Lacaios, sim! Que usem fardamento. Rua!". A cena é de um vigor e uma exemplaridade raros. Oswald apreendeu admiravelmente a relação poder-intelectualidade toda vez que se anuncia um clima de ditadura.

O cinismo de Abelardo I o faz ver a realidade sem véu embelezador. Ele diz que Pinote voltará, "de camisa amarela, azul ou verde", isto é, com uma farda qualquer, cabendo lembrar que a verde era a cor dos integralistas, a azul de um movimento denominado Ação Social Brasileira, chefiado por J. Fabrino com o objetivo de criar o Partido Nacional Fascista, e a amarela significando possivelmente a parda do grupo liderado por Francisco Campos, em Minas Gerais. Abelardo I ainda insiste: "O intelectual deve ser tratado assim. As crianças que choram em casa, as mulheres lamentosas, fracas, famintas são a nossa arma! Só com a miséria eles passarão a nosso inteiro e dedicado serviço! E teremos louvores, palmas e garantias. Eles defenderão as minhas posições e a tua ilha, meu amor!". Assim, Abelardo I e Heloísa chegam à conversa sobre o casamento, que de início ele considerava "a mais imoral das instituições humanas". Agora, Abelardo I vê o matrimônio sob outro prisma: instituição "a mais útil à nossa classe... A que defende a herança...". Heloísa, mais uma vez sem nenhum romantismo ilusório, diz: "Enfim... aqui estou... negociada". Ela admirou o "ar calculado e frio" de Abelardo I, "a sua espantosa vitória no meio da derrocada geral". Por que a Gioconda no escritório? Abelardo I explica: "Um naco de beleza. O primeiro sorriso burguês...". Dizem tanta coisa de Abelardo... E ele não esconde: "Já sei... Os degraus do crime... que desci corajosamente. Sob o silêncio comprado dos jornais e a cegueira da justiça de minha classe! Os espectros do passado... Os homens que traí e assassinei. As mulheres que deixei. Os suicidados... O contrabando e a pilhagem... Todo o arsenal do teatro moralista dos nossos avós. Nada disso me impressiona nem impressiona mais o público... A chave milagrosa da fortuna, uma chave *yale*... Jogo com ela!". Estimulado por Heloísa, Abelardo I se vai desnudando mais e mais: "Com dinheiro inglês comprei café na porta das fazendas desesperadas (durante a crise de 1929, está subentendido). De posse de segredos governamentais, joguei duro e certo no café – papel! Amontoei ruínas de um lado e ouro do outro! Mas há o trabalho construtivo, a indústria... Calculei ante a regressão parcial que a crise provocou... Descobri e incentivei a regressão, a volta à vela... Sob o signo do capital americano". Heloísa diz: "Ficaste o Rei da Vela!". E Abelardo I explica então o sentido do nome que lhe deram, cheio de implicações semânticas: "Com muita honra! O rei da vela miserável dos agonizantes. O rei da vela de sebo. E da vela feudal que nos fez adormecer em criança pensando nas histórias das negras velhas... Da vela pequeno-burguesa dos oratórios e das escritas em casa... As empresas elétricas fecharam com a crise... Ninguém mais pôde pagar o preço da luz... A vela voltou ao mercado pela minha mão previdente. Veja como eu produzo de todos os tamanhos e cores. (*Indica o mostruário:*) Para o Mês de Maria das cidades caipiras, para os armazéns do interior onde se vende e se joga à noite, para a hora do estudo das crianças, para os contrabandistas no mar, mas a grande vela é a vela da agonia, aquela pequena velinha de sebo que espalhei pelo Brasil inteiro... Num país medieval como o nosso, quem se atreve a passar os umbrais da eternidade sem uma vela na mão? Herdo um tostão de cada morto nacional!". Num país em crise, regride-se à pequena indústria, essa da vela, por exemplo... Abelardo I não investe em nenhum campo que possa significar progresso. A vela simboliza o atraso, a permanência da superstição, o medo religioso paralisador...

Heloísa evoca, em sonho, a suntuosidade familiar, sem omitir as "duas filhas viciadas" e os "dois filhos tarados" do Coronel Belarmino (nome nostálgico, de outros tempos). Abelardo I não tem o número de fazendas do antigo latifundiário, mas possui uma área cultivada maior. E aproveita a oportunidade para enunciar uma das leis do capitalismo, encontrável nos manuais de economia: "Dentro do capitalismo, a pequena propriedade seguirá o destino da ação isolada nas sociedades anônimas. O possuidor de uma é um mito econômico. Senhora minha noiva, a concentração do capital é um fenômeno que eu apalpo com as minhas mãos. Sob a lei da concorrência, os fortes comerão sempre os fracos. Desse modo é que desde já os latifúndios paulistas se reconstituem sob novos proprietários". Abelardo I abre outra vez o jogo: "Nós dois sabemos que milhares de trabalhadores lutam de sol a sol para nos dar farra e conforto". (...) "O regime capitalista que Deus guarde..." Quanto ao temor... "Os ingleses e os americanos temem por nós. Estamos ligados ao destino deles. Devemos tudo, o que temos e o que não temos. Hipotecamos palmeiras... quedas de água... Cardeais!" Abelardo I sabe-se um simples feitor do capital estrangeiro: "Um lacaio, se quiserem! Mas não me queixo. É por isso que possuo uma lancha, uma ilha e você...". Basta Abelardo I fazer esse reconhecimento, para Abelardo II anunciar o Americano. Abelardo I lhe deve. Heloísa sairá, mas que o americano a veja... Ela está linda. A rubrica acolhe um exagero muito significativo: Abelardo I curva-se até o chão diante da porta aberta, pela qual entrará Mister Jones. Fecha-se, assim, o ciclo de idéias que Oswald pretendeu desenvolver e, com ele, o primeiro ato.

A parábola descrita nessa apresentação de *O rei da vela* tem uma nitidez didática só alcançada pelos dramaturgos adultos, que dominam totalmente o instrumento de trabalho. Desde o diálogo inicial com o Cliente, em que Abelardo I manda fuzilá-lo, até a subserviência completa dele ante o Americano, desenha-se o sistema em que opera *O rei da vela*. Por isso a ação se passa no escritório de usura. Uma idéia ganha corpo e é enriquecida paulatinamente através dos quadros ilustrativos, sem que haja preocupação de organizar as personagens, em conflito dramático, pelo método do teatro realista. O Cliente, os outros Clientes que surgem nas grades da jaula, a Secretária e o intelectual Pinote só participam desse ato porque são necessários à exemplificação de um aspecto da realidade de Abelardo I. Não dialogam todas as personagens em conjunto, porque umas não têm nada a ver com outras. A técnica é do desfile, em que, terminado o papel ilustrativo de uma figura, surge outra, para acrescentar nova dimensão ao entrecho. Utilizando-se o esquema brechtiano para distinguir o teatro dramático do épico, esse ato seria classificado no último, porque as cenas se justificam por si mesmas e não estão umas em função de outras. Pela justaposição de quadros aparentemente soltos, Oswald consegue um efeito cumulativo, que define aos poucos a personalidade inteira de Abelardo I. Sua ligação com o mundo se objetiva através dos diálogos com o sócio, os clientes, a noiva, a secretária, o intelectual e por fim o americano (de quem depende economicamente), além dos contatos telefônicos com o advogado e um padre. Todos os aspectos da comunicação de um homem com a realidade foram mobilizados por Oswald, para o espectador conhecer as várias facetas do seu protagonista.

Se o primeiro ato mostra como trabalha Abelardo I, o segundo o situa num momento de lazer, uma ilha tropical na baía de Guanabara. Vê-se um mastro com bandeira americana, homenagem a Mister Jones e ao mesmo tempo símbolo da sua soberania. Na rubrica, Oswald escreve que as personagens "se vestem pela mais furiosa fantasia burguesa e equatorial. Morenas seminuas. Homens esportivos, hermafroditas, menopausas". Surgem, inicialmente, Heloísa e o Americano, "em franca camaradagem sexual". Segue-se um desfile das outras personagens, até que permanecem em cena D. Cesarina, mãe de Heloísa, e Abelardo I. O diálogo está cheio de sugestões fálicas. Tanto D. Cesarina como seu filho Totó Fruta do Conde gostaram muito de tomar o sorvete Banana Real. Abelardo I, no seu amoralismo típico, procura seduzir a futura sogra, e a chama de "Meu Vesúvio!". Ela replica: "Olhe, que eu ainda acendo...". Entra Totó, com a frase estereotipada dos homossexuais: "Eu sou uma fracassada!". Godofredo quebrou a amizade que cultivavam há três anos. Agora, Totó vai pescar nos penhascos e Abelardo I diz que tenha cuidado com a praia: "Tem cada bagre!" Totó fica animado: "Deus o ouça!". D. Cesarina alerta Abelardo I a respeito da liberdade do Americano com Heloísa, e ele não quer perder tempo com ciúmes: "Eu me prezo de ser um homem da minha época!". O ciúme é uma "ridicularia que divertiu e ensangüentou gerações de idiotas". Depois, Oswald faz uma caçoada com a Academia de Letras, quando D. Cesarina fala que vai fazer servir rabos-de-galo, tradução de coquetel (na edição original, grafava-se rabigalos). Surpreendidos por D. Poloca, irmã do Coronel Belarmino, Abelardo I justifica-se inventando que explicava "à senhora minha futura mãe" que são de duas gerações diferentes: "Ela é um personagem do gracioso Wilde. Eu sou um personagem de Freud!". Freud, "o último grande romancista da

O rei da vela

burguesia". O complexo de Édipo é o caso de Abelardo I, segundo ele confessa. E D. Poloca seria uma colaboração de Castilho e Lamartine... Babo. D. Poloca considera-o "aquele cavalheiro dos sinos de Corneville", numa evidente alusão ao namoro de Heloísa com o Americano. Oswald caricatura em D. Poloca a mulher presa às convenções sociais, que defende seu "ponto de vista de tradição e família", mas é amiga de Abelardo I em segredo. Em público, não pode dar confiança a um novo-rico, a um arrivista. Abelardo I propõe fazê-la a Rainha do Castiçal e D. Poloca, em outra sugestão fálica, diz preferir ser a neta da Baronesa de Pau-Ferro. Depois, Abelardo I comete um erro vocálico, chamando-a Dona Polaquinha, num ato falho que a assemelharia às polacas do tradicional meretrício brasileiro.

Heloísa, ao chegar, pergunta a Abelardo I quantos chifres ele lhe põe por hora, porque ontem ele flertou com a mãe e hoje com a tia. Ela não quer, de qualquer maneira, que ele a engane com Totó. Joana, vulgo João dos Divãs, irmã de Heloísa, queixa-se de que Totó já lhe tomou o Miguelão. Abelardo I fala que o Americano aprecia o tipo másculo de Heloísa: "Mister Jones é lésbico!". Joana informa que o Americano gosta do chofer. A confusão, como se vê, é total, e Oswald se compraz, como muito ficcionista de esquerda, em explicar a decadência da burguesia pela incontinência sexual. A entrada do Coronel Belarmino, nesse meio, tem um sentido irônico, de caçoada com um homem que se alheou da realidade e suspira por um mundo inexistente. O Coronel Belarmino sente-se consolado por ver o Rio de Janeiro aos pés da cruz: "O Brasil é mesmo uma terra abençoada. Temos até um cardeal! Só nos falta um Banco Hipotecário!". Abelardo acha que o Cristo (do Corcovado) devia estar mais próximo. Onde? Nova sugestão fálica: no Saco de São Francisco... (praia no município de Niterói). Discutem-se a queima do café e empréstimos. Quando Abelardo I sai para salvar o Americano, que deve ter caído dentro do copo de uísque, D. Poloca observa que no seu tempo se escolhia: "A gente não se casava com um aventureiro só porque é rico e foi aos Estados Unidos". Joana diz que por isso ela é virgem até hoje. Heloísa refere-se à sua idade – 63 anos – e Joana retifica, para obter um efeito obsceno: "Já fez sessenta e nove!". D. Poloca anuncia a chegada de Perdigoto, outro irmão de Heloísa, todo de soldado. Joana qualifica-o de "fascista indecente". Depois, sobre Abelardo I, numa frase de duplo sentido, em que a alusão fálica está presente, Joana diz que "a vela dele é que nos salvou". Amanhã, chegam os convidados. Entre eles, uma polaca, tomada por francesa, hoje "um pilar da sociedade". Pertencente também à Convenção Eleitoral Feminina e provável deputada pelo partido católico. Esse gênero de casamentos de "francesas" com aristocratas brasileiros Hilário Tácito já havia satirizado no bom romance *Madame Pommery*.

Abelardo concorda em que se troque café por armamentos. O Brasil precisa preparar-se para a guerra. "Mas contra quem?" – pergunta Heloísa, e Abelardo I dá a explicação de todos os belicistas: "Contra qualquer pessoa! Qualquer guerra. Externa ou interna. É preciso dar emprego aos desocupados. Distrai o povo. E trocar café pelos armamentos que estão sobrando lá fora. As sobras da corrida armamentista". Oswald faz que Abelardo I, ao lado da simpatia que precisa ter o tipo do vencedor amoral, reúna todas as antipatias do defensor das causas más. Em meio ao diálogo, Joana despede-se, para "ver o pico do Itatiaia" – outra alusão fálica. Depois vem Totó, esbaforido. Um peixe enorme lhe levou tudo: "Deve ter sido um tubarão". E Abelardo I atalha, em outra sugestão fálica: "De certo foi um peixe espada". E ele pensou que Totó "já estivesse habituado com essas pescarias...". Finalmente, aparece Perdigoto, o beberrão, achacador e fascista. Com esse filho do Coronel Belarmino, Oswald completa a pintura dos quatro irmãos cheios de vícios e taras. Ele usou a técnica da concentração, para tornar mais sugestiva a idéia de decadência da velha família aristocrática. Sob a lente de aumento expressionista, não poderia escapar ninguém normal. Heloísa de Lesbos tem charme, Joana (vulgo João dos Divãs) é a sua réplica lésbica mais grosseira, Totó se basta na caçoada que o brasileiro costuma fazer com o homossexual, mas Perdigoto recebe uma carga crítica mais severa, porque pertence ao terreno político. Abelardo I chama-o de crápula e Perdigoto diz que não joga mais, agora bebe: "Sabe, um dia os colonos hão de levantar-lhe uma estátua de vômito, depois de tê-lo enforcado...". O plano de Perdigoto é organizar uma "milícia patriótica", usando uma camisa de cor, armas e munições, para conter os colonos "incontentáveis". Abelardo I chama os amigos de Perdigoto, que formariam essa milícia, "a escória noctâmbula de São Paulo", e Perdigoto diz que são "todos pertencentes a excelentes famílias...". Para essa tarefa, Perdigoto pede dez contos. Abelardo I sabe que o dinheiro é para o jogo, mas não lhe parece má a idéia da milícia fascista: "Aliás é uma cópia do que está se fazendo nos países capitalistas em desespero". Abelardo I ameaça Perdigoto com a cadeia, se dentro de uma semana não estiver organizada a milícia. Perdigoto falsificou sua assinatura numa letra, desmoralizando-o com uma quantia ridícula. Sozinho, Abelardo I raciocina sobre a família em que vai entrar: "Crápulas! Sujos! Um é o Totó Fruta do Conde! O outro, este bêbedo perigoso. Virou fascista agora. Minha cunhada veio sentar de *maillot* no meu colo para eu coçar-lhe as nádegas... Com cheques naturalmente. A sogra caída... A outra velha... E eu é que devo me sentir honradíssimo... por entrar numa família digna, uma família única" (imagine-se o que não diria de *O rei da vela* a autora da carta a *O Estado de S. Paulo*, que se queixou de Oswald por ter ridicularizado em *Mon coeur balance* representantes da sociedade paulista...).

Depois, estão sós Abelardo I e Heloísa, no necessário encontro dos protagonistas em cada ato. Heloísa pergunta se ele está arrependido: "Não te trago vantagens sociais? Físicas? Políticas... bancárias...". Abelardo I, às vezes, de repente perde a confiança, é como se o chão lhe faltasse. Mas até o mais degenerado dos irmãos de Heloísa lhe será útil. Não o Frutinha, mas o ébrio – o fundador da primeira milícia fascista rural de São Paulo. Oswald faz outra maldade, quando Abelardo I diz que "quem vai se regalar é o tal Cristiano de Bensaúde" (Tristão de Ataíde). O Americano deseja a união das confissões religiosas, dos partidos: "É preciso justificar perante o olhar desconfiado do povo, os ócios de uma classe. Para isso nada como a doutrina cristã...". Quando a peça foi escrita, o marxismo utilizava a velha análise sociológica a respeito dos cristãos, não podendo prever que a Igreja, em tempos recentes, se tornasse uma das mais poderosas lutadoras contra os governos discricionários... As críticas de Oswald, sem dúvida, ainda se aplicam ao cristianismo retrógrado em que muita gente se escuda. Por isso não fica sem sentido a fala de Abelardo I: "O catolicismo declara que esta vida é um simples trânsito. De modo que os que passaram mal, trabalhando para os outros, devem se resignar. Comerão no céu...". Os outros "podem adotar o ceticismo ioiô. A vida é um eterno ir e vir... ioiô...". Quando enrosca, "apela-se para Schopenhauer", "a filosofia do tiro no ouvido", "o salto no nirvana". Naquele momento grave, Abelardo I acha útil aliar-se a Perdigoto e a Bensaúde. Ele estudou melhor a situação: "Somos parte de um todo ameaçado – o mundo capitalista. Se os banqueiros imperialistas quiserem... Você sabe há um momento em que a burguesia abandona a sua velha máscara liberal. Declara-se cansada de carregar nos ombros os ideais de justiça da humanidade, as conquistas da civilização e outras besteiras! Organiza-se como classe. Policialmente. Esse momento já soou na Itália e implanta-se pouco a pouco nos países onde o proletariado é fraco ou dividido...". Diante dessa verdade Heloísa vai já brincar de jacaré com o Americano, com a aprovação de Abelardo I, que o chama de "Deus Nosso Senhor do Arame...".

A última cena do segundo ato representa a queda final da cidadela – Abelardo I conquista D. Poloca. Ele lhe diz: "Respeito-a porque a senhora é o passado puro! Que não relaxa! O cerne! O cerne!". Que faria ela, se tivesse um milhão de dólares? Se ele estourasse os miolos e lhe deixasse tudo o que tem. Qual o seu grande ideal? D. Poloca utiliza a resposta exata, possivelmente a única a impressionar Abelardo I: "Iria a Petrópolis" (Petrópolis, a cidade imperial brasileira, a distinção que fascina o novo-rico). Abelardo I quer beijar os pés de D. Poloca e diz que lhe dará uma viagem a Petrópolis. "Uma noite de amor! Nesta idade!" – objeta ela. Ele mandará preparar uma lancha e uns bolinhos, e D. Poloca pede uns pés-de-moleque (feitos de amendoim, afrodisíaco). Abelardo I ainda exclama: "Ao luar! Esta noite!". Ele acaba de vencer a resistência derradeira da aristocracia ao seu arrivismo. Está satisfeita a ilusão louca do agiota Abelardo I de apaziguar-se no seio dos donos da terra.

O rei da vela

Abelardo I trabalhou no primeiro ato, viveu (distraiu-se) no segundo e no terceiro é a vez de morrer. Para facilidade de seus propósitos didáticos, Oswald elaborou um esquema bem simples e direto, que se impõe ao espectador pela correção exemplar. O cenário é o mesmo do primeiro ato – o escritório de usura – mas à noite. Atravanca o palco o ferro velho penhorado a uma Casa de Saúde. Uma maca no chão. Uma cadeira de rodas. Esses acessórios sublinham o absurdo da atividade econômica de Abelardo I. A selva em que ele se move, a mesma selva que o perderá... Heloísa se queixa da desgraça, criando curiosidade a respeito do que sucedeu. Abelardo I lhe fala, mais uma vez, sem disfarce: "Você sabe por que nos íamos casar. Não era decerto para fazer um *ménage* de folhinha...". Ela terá que procurar outro corretor: "Nos casávamos para você pertencer mais à vontade ao Americano. Mas eu já não sirvo para essa operação imperialista. O teu corpo não vale nada nas mãos de um corretor arrebentado que irá para a cadeia amanhã... Ou será assassinado, pelos depositantes. Essa falência imprevista vai me desmascarar...". Heloísa não quer que Abelardo I vá preso e ele diz que não há perigo. O revólver, que tira dissimuladamente do bolso, evitará a prisão. Ela prognostica de novo a miséria: "Eu não sei trabalhar, não sei fazer nada. E a minha gente... Eu acabo dançando no Moulin Bleu...". Abelardo I consola-a: "Você se casa com o ladrão...". Qual deles? Ele esclarece: "O último, o que deu a tacada final nesta partida negra em que fui vencido...". Heloísa objeta que "o Americano não quer casar..." e ele afirma que "o outro casa. É um ladrão de comédia antiga... Com todos os resíduos do velho teatro. Quando te digo que estamos num país atrasado! Olhe, ele roubou os cheques assinados ao portador. Operou magnificamente. Mas veja, rebentou a lâmpada... arrombou a secretária... Deixou todos os sinais dos dedos. Para quê? Se tinha furtado a chave do cofre. É um ladrão antigo. Topa um casamento com uma nobre arruinada. Na certa!". Oswald caçoa do recurso que inventou para chegar ao desfecho da peça.

Foi o próprio ladrão quem deixou a arma no lugar: "Viu que eu não tinha outra saída..." – observa Abelardo I. Heloísa acha que ele ainda tem recuperação. Abelardo I não se ilude: "Eu fui um porcalhão! Sabe você a quem a burguesia devia erguer estátuas? Aos caixas de bancos! Esses sim é que são colossais! Firmes como a rocha. Os homens que resistem à tentação da nota. (...) Antigamente, quando a burguesia ainda era inocente... A burguesia já foi inocente, foi até revolucionária... (...) Na época moderna, para nós, classe dirigente, minha amiga, só há um chamado – o chamado da nota! Eu não soube resistir ao chamado da nota! Sendo Rei da Vela, banquei o Rei do Fósforo (que se acende e logo se apaga). Também me apossei do que pude! Joguei numa terrível aventura todas as minhas possibilidades! Pus as mãos no que não era meu. Blefei quanto pude! Mas fui vergonhosamente batido por um curinga... Pois bem! O Rei da Vela não será indigno do Rei do Fósforo!...". Heloísa lhe propõe a fuga e Abelardo I fala: "Recomeçar... uma choupana lírica. Como no tempo do romantismo! As soluções fora da vida. As soluções no teatro. Para tapear. Nunca! Só tenho uma solução. Sou um personagem do meu tempo, vulgar, mas lógico. Vou até o fim. O meu fim! A morte no terceiro ato. Schopenhauer! Que é a vida? Filosofia de classe rica desesperada! Um trampolim sobre o Nirvana! (*grita para dentro*) Olá! Maquinista! Feche o pano. Por um instante só. Não foi à toa que penhorei uma Casa de Saúde. Mandei que trouxessem tudo para cá. A padiola que vai me levar... (*fita em silêncio os espectadores*) Estão aí? Se quiserem assistir a uma agonia alinhada esperem! (*grita*) Vou atear fogo às vestes! Suicídio nacional! Solução do Mangue! (*longa hesitação. Oferece o revólver ao Ponto e fala com ele*) Por favor, seu Cireneu... (*Silêncio. Fica interdito.*) Vê se afasta de mim esse fósforo...". Oswald, para evitar o perigoso patético da cena da morte, rompe-o com a chamada antiilusionista do Ponto. A vida caricatural de Abelardo I mantém-se fiel à caricatura, na hora da morte. A própria morte dessacraliza-se, vira brincadeira. Abelardo I diz que "o autor não ligaria", se o Ponto afastasse dele o fósforo. O Ponto "filosofa": "Mas a crise... A situação mundial... O imperialismo. Com o capital estrangeiro não se brinca!". Abelardo I pede a Heloísa, seu "cravo de defunto", que lhe dê o último beijo. A cortina se fecha e ouve-se uma salva de sete tiros de canhão. Esse recurso imprevisto, alógico, aparece com freqüência nas sínteses futuristas italianas, possível modelo para Oswald. Ao reabrir-se o pano, Heloísa soluça sobre a maca e Abelardo I está caído na cadeira de rodas. O telefone toca. Abelardo I, que ainda não morreu, não quer que ela atenda: "É o ladrão. Está telefonando para ver se eu já morri. Truque de cinema. Mas, como no teatro não se conhece outro, ele usa o mesmo. Virá até aqui. Para nós o identificarmos!".

E, de fato, depois de um barulho de gazua, surge Abelardo II, "embuçado, de casquete, exageradamente vestido de ladrão. Tirou os bigodes de domador. Traz nas mãos uma lanterna surda. Deixou o monóculo. É quase um *gentleman*". Abelardo I saúda-o: "Meu *alter ego*! Foi um suicídio autêntico. Abelardo matou Abelardo". Abelardo II finge-se surpreso e Abelardo I o desmascara. Não foi curto-circuito – o ladrão quebrou o botão da luz. Ao menos, será poupada a eletricidade: "A conta do mês passado foi alta demais! Acende todas as velas! Economia em regressão. As grandes empresas estão voltando à tração animal! Estamos ficando um país modesto. De carroça e vela! Também já hipotecamos tudo ao estrangeiro, até a paisagem! Era o país mais lindo do mundo. Não tem agora uma nuvem desonerada... Mas não irá ao suicídio... Isso é para mim". Quando Abelardo II pergunta a Abelardo I por que cometeu a loucura do suicídio, ele raciocina: "Um homem não tem importância... A classe fica. Resiste. O poder do espiritualismo. Metempsicose social...". Não quer que Abelardo II chame um médico: "Para quê? Para constatar que eu revivo em você? E portanto que Abelardo rico não pagará a conta de Abelardo suicida?". Oswald armou, didaticamente, uma situação, em que fica patente que, na engrenagem capitalista, o dinheiro passa de uma mão a outra, às vezes de um nome ao mesmo nome... Abelardo II fala em chamar um padre, para realizar ainda o casamento (talvez lembrança do matrimônio *in extremis* do próprio Oswald com Deisi, narrado em *Um homem sem profissão*, p. 218). Abelardo I não vê necessidade de Abelardo II casar com a sua viúva, se pode tê-la virgem e de branco. Virgem, explica Abelardo I, "se o Americano desistir do direito de pernada..." (isto é, à primeira noite). Esse é o ônus do país semicolonial, "que depende do capital estrangeiro". A mulher, objeto do homem, é desfrutada por aquele que tem maior poder. Abelardo I refere-se ao dinheiro que o outro roubou: "O nosso. O que sacou às dez horas precisas da manhã. O dinheiro de Abelardo. O que troca de dono individual mas não sai da classe. O que através da herança e do roubo se conserva nas mãos fechadas dos ricos... Eu te conheço e identifico, homem recalcado do Brasil! Produto do clima, da economia escrava e da moral desumana que faz milhões de onanistas desesperados e de pederastas... Com esse sol e essas mulheres!... Para manter o imperialismo e a família reacionária. Conheço-te, fera solta, capaz dos piores propósitos. Febrônio dissimulado das ruas do Brasil! Amanhã, quando entrares na posse da tua fortuna, defenderás também a sagrada instituição da família, a virgindade e o pudor, para que o dinheiro permaneça através dos filhos legítimos, numa classe só...". Abelardo I desmascara o oportunismo, o procedimento da burguesia, que havia sido também o seu, por uma conduta conscientemente cínica.

É a hora de perguntar se Abelardo II abandonou o socialismo. Abelardo II quer presenteá-lo a Abelardo I, que o recusa, afirmando: "Neste momento eu quero a destruição universal... O socialismo conserva...". Típica atitude anarquista, que Abelardo II interpreta como inspirada pelo bolchevismo. Abelardo I confessa: "Sempre soube que só a violência é fecunda... Por isso desprezei essa contrafação (a do socialismo, com seus "ideais humanitários e moderados"). Cheguei a preferir o fascismo do Perdigoto." Agora, Abelardo I quer outra coisa – o comunismo – para deixar ao sucessor "um veneno pelo menos misturado com Heloísa e os meus cheques. Deixo vocês ao Americano... E o Americano aos comunistas. Que tal o meu testamento?". São sinistros os prognósticos de Abelardo I para a sua classe. Ele não está passando, porém, para o outro lado, por causa da ruína: "Se todos fossem como o oportunista cínico que sou eu, a revolução social nunca se faria! Mas existe a fidelidade à miséria!". Abelardo I diz que a vida de Abelardo II "não irá muito além desta peça..." (novo recurso anti-ilusionista). Não que irá matá-lo: "Para quê? Outro abafaria a banca. Somos uma barricada de Abelardos! Um cai, outro o substitui enquanto houver imperialismo e diferença de classes...". Até essa cena é um episódio de concorrência: Abelardo I quer suplantar Abelardo II na memória de Heloísa, que vai ser mulher dele. Mulher dele, sim, como o irmão de Abelardo I será o advogado de Abelardo II. Comenta Abelardo I: "Somos uma história de vanguarda. Um caso de burguesia avançada...". Não faltava a Oswald plena consciência do que realizava no teatro.

Agonizante, Abelardo I vê o futuro, como Oswald o desejava: "Se vejo com simpatia, neste minuto da minha vida que se esgota, a massa que sairá um dia das catacumbas das fábricas... é porque ela me vingará... de você... Que horas são? Moscou irradia a estas horas". Ligado o rádio, ouvem-se os sons da Internacional. A voz no rádio diz a palavra de ordem clássica do marxismo: "Proletários de todo o mundo, uni-vos!". Abelardo II cala o aparelho e chama Abelardo I de sujo e demagogo. Abelardo I conta, então, a parábola do cachorro Jujuba, que sintetiza, de certa forma, a lição de Oswald. Abelardo II só é parecido com ele no físico. Jujuba "era um simples cachorro! Um cachorro de rua... Mas um cachorro idealista! Os soldados de um quartel adotaram-no. Ficou sendo a mascote do batalhão. Mas o Jujuba era amigo dos companheiros de rua! Na hora da bóia, aparecia trazendo dois, três. Em pouco tempo, a cachorrada magra, suja e miserável enchia o pátio do quartel. Um dia, o major deu o estrilo. Os soldados se opuseram à saída da sua mascote! Tomaram o Jujuba nos braços e espingardearam os outros... A cachorrada vadia voltou para a rua. Mas, quando o Jujuba se viu solto, recusou-se a gozar o privilégio que lhe queriam dar. Foi com os outros!". Abelardo II acha que é demagogia e Abelardo I continua: "Não. Ele provou que não! Nunca mais voltou para o quartel. Morreu batido e esfomeado como os outros, na rua, solidário com a sua classe! Solidário com a sua fome! Os soldados ergueram um monumento ao Jujuba no pátio do quartel. Compreenderam o que não trai. Eram seus irmãos. Os soldados são da classe do Jujuba. Um dia também deixarão atropeladamente os quartéis. Será a revolução social...". "Os que dormem nas soleiras das portas se levantarão e virão aqui procurar o usurário Abelardo! E hão de encontrá-lo..." Abelardo I diz que era pobre como Jujuba. Mas não teve o comportamento dele: "Acreditei que isso que chamam de sociedade era uma cidadela que só podia ser tomada por dentro, por alguém que penetrasse como você penetrou na minha vida... Eu também fiz isso. Traí a minha fome...". A lição política é clara: não leva a nada tentar percorrer o caminho dos bem-sucedidos – o fracasso virá, afinal. Mas se se derrubar por fora a cidadela... Esse o itinerário dos que permanecem fiéis à sua classe e aos seus ideais revolucionários. Abelardo I ainda exalta a liberdade, a luta por ela. Já em delírio, ele pensa que são sinos os ruídos de um automóvel que passa lá fora: "Não quero ouvir esses sinos! Quero pagar tudo! À vista! (...) Não quero nada de graça... Não admito. Sino é de graça...".

Uma Voz se apresenta como o corifeu dos devedores relapsos: "Dos maus pagadores! Dos desonrados da sociedade capitalista! Os que têm o nome tingido para sempre pela má tinta dos protestos! Os que mandam dizer que não estão em casa aos oficiais de justiça! Os que pedem envergonhadamente tostões para dar de comer aos filhos! Os desocupados que esperam sem esperança! Os aflitos que não dormem, pensando nas penhoras. (*grita*) A Amé-ri-ca-é-um-ble-fe!!! Nós todos mudamos de continente para enriquecer. Só encontramos aqui escravidão e trabalho! Sob as garras do imperialismo! Hoje morremos de miséria e vergonha! Somos os recrutas da pobreza! Milhões de falidos transatlânticos! Para as nossas famílias, educadas na ilusão da A-mé-ri-ca, só há a escolher a cadeia ou o *rendez-vous*! Há o sui-cí-dio também! O sui-cídio...". Abelardo I, morrendo, menciona a vala. Abelardo II compreende: "A vala comum... Não ficou nada. Nem para o enterro nem para a sepultura. A casa ia mal há muito tempo. Coitado! Negócios com estrangeiros... Ele que tinha mandado fazer aquele projeto de túmulo fantasmagórico... Com anjos de três metros...". Depois, uma alteração vocálica transforma a vala em vela. Abelardo II dá a Abelardo I uma velinha de sebo, "a menor de todas". Cai para trás a cabeça do moribundo, enquanto a vela tomba ao chão e permanece de borco. Heloísa exclama: "Abelardo! Abelardo!". Abelardo II diz que "Heloísa será sempre de Abelardo. É clássico!". Ouvem-se os acordes da Marcha Nupcial e uma luz doce focaliza o novo par. Vestidas a rigor, as personagens do segundo ato, "sem dar atenção ao cadáver, cumprimentam o casal enluarado". O Americano encerra a peça: "Oh! good business!".

Repito que os conhecedores da dramaturgia brasileira da década de 1930 não podem entender como Oswald de Andrade escreveu *O rei da vela*. A peça está fora de todos os padrões praticados entre nós. Ela funde consciência política e vanguarda – um segredo que, infelizmente, se perdeu depois no teatro. Ou se fazem textos com boas idéias e tratamento convencional, ou se utiliza uma linguagem de vanguarda para esposar princípios retrógrados. Brecht, Maiakóvski, Oswald e uns poucos mais souberam unir pensamento e forma revolucionários. Esse é um privilégio de gênios. Com naturalidade, Abelardo I, a certa altura, dialoga com o Ponto, incorporando um procedimento em torno do qual Pirandello elaborou a sua trilogia do teatro dentro do teatro.

Talvez a mestria de Oswald venha do domínio anterior da poesia e do romance, em que abriu caminhos essenciais na história do modernismo. No poema *Falação*, Oswald escreveu, entre outras coisas: "A língua sem arcaísmos. Sem erudição. Natural e neológica. A contribuição milionária de todos os erros. (...) Contra a argúcia naturalista, a síntese. Contra a cópia, a invenção e a surpresa". Haroldo de Campos observa, com razão, que "este poema-programa é uma redução, com alterações, do 'Manifesto da Poesia Pau Brasil', publicado no *Correio da Manhã*, RJ, 18/3/1924. Mostra como Oswald não distinguia entre linguagem da criação e linguagem da crítica – entre linguagem-objeto e metalinguagem – nos seus manifestos modernistas. As fronteiras entre poesia e prosa são aqui também abolidas" (*Poesias reunidas de Oswald de Andrade*, Difusão Européia do Livro, p. 68 e 69). E – pode-se acrescentar – essas premissas do manifesto oswaldiano aplicam-se, por outro lado, ao seu teatro. A síntese substitui a argúcia naturalista. Quando a dramaturgia se barateava numa graça vulgar ou buscava uma construção literária artificial, tributária de um mau gosto retórico e filosofante, Oswald criava uma linguagem cênica seca e incisiva, de admirável colorido, vigor e precisão. Não há exageros dispensáveis nem comentários supérfluos. Tudo se integra num conjunto coeso, em que a ação progride e é ao mesmo tempo conscientizada, para não se perder o didatismo revolucionário do autor.

As personagens, sobretudo Abelardo I, são retratadas em traços essenciais, que as identificam com nitidez, sem prejudicar-lhes a riqueza. Abelardo I sintetiza o incipiente industrial brasileiro, que se desdobra numa atividade de agiotagem e é dependente do capital norte-americano. Assim como Jarry, com o Pai Ubu e a Mãe Ubu, fez uma paródia feroz de Macbeth e de Lady Macbeth shakespearianos, que assumem um ríctus grotesco na luta pelo poder, Oswald quis mostrar, com Abelardo e Heloísa, a paródia grotesca em que, na sociedade capitalista, se transforma o decantado amor romântico. O começo da libertação feminina acrescenta a Heloísa um aspecto másculo, nova caricatura da tradicional feminilidade. Ao pintar a aristocrática família do Coronel Belarmino, Oswald atribuiu vários estágios ao seu apego aos valores passados. O Coronel Belarmino é apenas um saudoso, que suspira por um Banco Hipotecário como panacéia para a crise econômica de que foi vítima. D. Cesarina, sua mulher, não tem a mesma origem familiar, razão pela qual é desprezada pela cunhada, D. Poloquinha. Acostumada a uma vida austera mas sem princípios, D. Cesarina sucumbe inteiramente à sedução do futuro genro, que aliás, dentro da típica imaturidade emocional brasileira, aponta as suas baterias para qualquer rabo de saia à sua frente. D. Poloquinha é a mais impiedosa caricatura da aristocrata, que permaneceu solteira por não encontrar um homem à sua altura, mas aceita a proposta sexual do novo-rico, desde que mantida em segredo. Heloísa, estudante de escolas suíças, não gostaria de baixar de padrão financeiro e por isso se torna objeto consciente do comércio com Abelardo, que, por outro lado, ela admira, pela audácia lúcida e cínica, oposta à derrota lamentosa do pai. Totó Fruta do Conde e Joana (vulgo João dos Divãs) são produto da mera degenerescência aristocrática – essas últimas aberrações das famílias tradicionais. E Perdigoto (nome que significa "filho de perdiz" ou, popularmente, "salpico de saliva") concentra a maior ira de Oswald: é a criatura verdadeiramente desprezível, que, jogador e bêbedo, ainda achaca os de sua classe para organizar uma milícia rural fascista, incumbida de sufocar qualquer reivindicação dos colonos explorados. Perdigoto encarna o último estádio do capitalismo irracional e desesperado, que procura preservar-se através do crime sem máscara.

Nesse painel de anti-heróis, de expressões negativas de uma sociedade errada, não poderiam faltar dois espécimes que Oswald não aceitava: o intelectual que abdica de sua obra literária e se põe a serviço da classe dominante, expresso em Pinote (o indivíduo que dá pinotes para se equilibrar); e o socialista, que os comunistas sempre consideraram, pelo seu suposto revisionismo político, tão inimigo como os detentores do capital, e que nem recebeu um nome diferente de Abelardo, porque está pronto para substituí-lo oportunisticamente em tudo. O Americano não tem mais falas – ao chegar, soberano, encerra o primeiro ato; diz as frases convencionais do dono da situação, no segundo; e tem a última palavra no terceiro, quando apenas constata que os arranjos finais da trama se converteram para ele em bom negócio (*good business*). A réplica do Americano, aliás, reaproxima a peça do nosso tradicional teatro de costumes, lembrando a fala de Mr. James diante do anúncio de casamento do par amoroso na última cena de *Caiu o Ministério!*, de França Júnior: "All right! boa negócia".

Do outro lado, estão os Clientes, devedores de Abelardo, vítimas indefesas e conformadas da agiotagem, que, sem revoltar-se contra o sistema, não pensado em termos de ser suprimido, têm como saída natural apenas a própria supressão, o suicídio. Nesse mundo invertebrado, sem um valor moral, Oswald emprestou as virtudes do caráter e da melhor humanidade a um cachorro de rua, o Jujuba, que ficou solidário com os cachorros escorraçados. Nem esse Jujuba consciente de sua classe, porém, se revolta e morde os outros. Sua dignidade o leva a morrer de fome, como protesto contra a injustiça. Mas os soldados, seus iguais, um dia deixarão atropeladamente os quartéis e será a revolução social... A parábola de Jujuba é a verdadeira referência para a condenação de Abelardo I, cujo erro fundamental foi ter traído a sua classe, apegando-se a uma ascensão ilusória. Num certo sentido, cabe assimilar o orgulho vão de Abelardo I, numa paródia grotesca, à *hibris* do herói trágico grego, que acaba em perda, a *até*, e reduz a nada a sua aventura.

Como Oswald teve a idéia de *O rei da vela*? Oswald de Andrade Filho disse-me que o pai sempre criou baseado (não "inspirado") em fatos e criaturas reais. O agiota Abelardo I é uma elaboração de três agiotas com os quais Oswald lidava diariamente, em sua fase mais difícil. Ele acordava de madrugada, escrevia, e às sete horas da manhã telefonava ao filho, para começarem a peregrinação pelos escritórios de usura, que prosseguia depois do almoço. No livro *Dia seguinte e outros dias*, que Oswald Filho não chegou a publicar, por ter falecido repentinamente, em 1972, pode-se ler: "Outro escritório que freqüentamos foi de um agiota curioso. Uma sala, um corredor, um balcão. Onde Oswald indica no cenário o retrato de Gioconda havia uma horrenda reprodução não me lembro de que pintor em que se via uma mulher segurando uma criança. Sob o quadro lia-se: 'Ser mãe é sofrer no paraíso'. Acredito que essa reprodução tivesse sido tomada de algum infeliz que teria ido pedir dinheiro emprestado e não pagou. Não me lembro do castiçal de botão que Oswald indica no cenário. Ele deve ter colocado essa peça para acentuar o aspecto irônico das cenas passadas ali. As caixas amontoadas, vi-as cheias de fitas de chapéus no escritório de outro usurário. (...) O divã futurista estava presente em quase todos esses antros. Telefone, mostruário e outros elementos que Oswald aproveitou existem de fato em diversos desses escritórios. Quanto ao sinal de alarme, talvez exista algum, pois esse tipo de gente é sempre muito medrosa. Luigi Lorenzo, se não usava esse aparelho, em compensação tinha sempre na gaveta um cassetete pronto para qualquer eventualidade. A porta de ferro nasceu no escritório onde havia a tal reprodução na parede. Encostado ao balcão, esperando ser atendido, vejo ainda Oswald que dizia: – Está esperando a hora de soltar as feras esfomeadas para domá-las. (...) Nunca mais (Oswald) conseguiu livrar-se dos *reis da vela*. Ainda no Hospital das Clínicas, quando foi operado, ao ser levado para a sala, segui-o até a porta. Olhava angustiado: – Não se esqueça dos vencimentos. Nonê... Os vencimentos... os vencimentos... Já com a porta fechada ouvi ainda essa recomendação".

Um desses agiotas, segundo Oswald Filho, tinha um escritório normal e com ele, além da usura, o pai fazia negócios. Oswald elogiava-lhe também a literatura, necessitado do seu dinheiro (segundo Nonê, o pai nunca se importava de elogiar qualquer pessoa, se precisava dela, financeiramente). Esse negociante – usurário ficou com vários quadros de Oswald – Leger, Tarsila, Picasso – dados como garantia de dívidas nunca saldadas. Oswald e o filho saíam do escritório de outro agiota, quando a polícia baixou nele, num tempo em que Getúlio Vargas intensificou a campanha contra esse gênero de crédito. Já o modelo do Coronel Belarmino, segundo Oswald Filho, foi José Estanislau do Amaral, pai da pintora Tarsila, com quem Oswald foi casado vários anos. O Juca (assim chamado) perdeu quase tudo na crise do café e suspirava por um Banco Hipotecário, na esperança de salvar-se. Joana, conhecida por João dos Divãs, era Dulce, filha de Tarsila, falecida havia alguns anos. Apesar de sua grande beleza, Dulce era esportiva, gostava de boxe. Supunha Oswald Filho que Heloísa de Lesbos fosse a mesma criatura que inspirou *A morta*: a pianista Pilar Ferrer, com quem Oswald teve uma ligação tempestuosa. Apenas, ele acentuou as características lésbicas do modelo. Oswald Filho conviveu muito com Pilar Ferrer, que o pai transformava na maior pianista do mundo, apesar de sua mediocridade. Ela era linda, embora vazia e aventureira. Pilar disse um dia a Oswald Filho que achava a mulher mais lisa e macia do que o homem, que é peludo e desagradável. Por isso Oswald Filho acreditava que ela sugeriu o tipo físico de Heloísa de Lesbos, além de ser, inquestionavelmente, *A morta*. Totó Fruta do Conde foi fornecido ao pai por Oswald Filho. Ele o conheceu no Rio, quando viveu na Lapa, em pleno centro da prostituição. Esse homossexual sustentava um estudante paulista de quatrocentos anos, hoje um grande nome da Medicina, em Belém do Pará. Um dia o homossexual quis seduzir Oswald Filho que, além de não ter aceito a proposta, narrou-a ao amigo paulista. O estudante surrou o homossexual, que reagiu com as palavras usadas por Oswald na peça. As personagens não são, assim, da família de Tarsila, mas, em alguns casos, aproveitam um ou outro elemento que Oswald viu nela e desenvolveu à sua maneira. Não garantiu Oswald Filho que D. Cesarina fosse uma caricatura da mãe de Tarsila. Mas Oswald rompeu com ela e guardou ódio da família. Ele era, no dizer de Oswald Filho, muito vingativo, e por isso não se deveria estranhar esse procedimento.

Se procurei conhecer e transmitir as raízes das personagens de *O rei da vela* foi menos pela bisbilhotice do repórter do que pelo desejo de comprovar como, a partir da realidade, Oswald arquitetava uma grande construção literária. Vejam-se, por exemplo, as criaturas bem diversas que se reuniram para se tornar os filhos do Coronel Belarmino (Oswald Filho não se lembrava quem sugeriu Perdigoto). A realidade era trabalhada para fornecer um efeito literário e – mais do que ele – uma idéia rica de significado. Por esse motivo a peça tem um poder de choque que se preserva intacto até hoje. Por causa dele o Teatro Oficina transformou *O rei da vela* em seu espetáculo-manifesto. José Celso Martinez Corrêa escreveu, no programa do espetáculo (o artigo foi transcrito na segunda edição da peça), que o "Oficina procurava um texto para a inauguração de sua nova casa de espetáculos que ao mesmo tempo inaugurasse a comunicação ao público de toda uma nova visão do teatro e da realidade brasileira. As remontagens que o Oficina foi obrigado a fazer, por causa do incêndio, estavam defasadas em relação à sua visão do Brasil destes anos depois de abril de 1964. O problema era o do 'aqui e agora'. E o 'aqui e agora' foi encontrado em 1933 em *O rei da vela* de Oswald de Andrade". Pergunta José Celso: "Senilidade mental nossa? Modernidade absoluta de Oswald? Ou, pior, estagnação da realidade nacional?". Conta José Celso que havia lido o texto há alguns anos e ele permanecera mudo: "Me irritara mesmo. Me parecia modernoso e futuristóide. Mas mudou o Natal e mudei eu". De repente, uma leitura mostrou que "era a nossa mesma realidade brasileira que ele ainda iluminava. (...) *O rei da vela* ficou sendo uma revolução de forma e conteúdo para exprimir uma não-revolução. (...) *O rei da vela* acabou virando manifesto para comunicarmos no Oficina, através do teatro e do antiteatro, a 'chacriníssima' realidade nacional. (...) *O rei da vela* de 1933, escrita por uma consciência dentro dos entraves que são os mesmos de 1967, mostra a vida de um país em termos de *show*, teatro de revista e opereta. Não há história, não há ação no sentido hegeliano. A tese não engendra sua antítese por si só. A estrutura (tese) se defende (ideologicamente, militarmente, economicamente) e se mantém e inventa um substitutivo de história e assim de tudo emana um fedor de um imenso, de um quase cadáver gangrenado ao qual cada geração leva seu alento e acende sua vela. História não há. Há representação da História. Muito cinismo por nada".

José Celso entendeu que "uma montagem tipo fidelidade ao autor em Oswald é um contra-senso". A colagem que fez Oswald do Brasil de 1930 permanece "uma colagem ainda mais violenta do Brasil de trinta anos depois", e se manifesta na "superteatralidade, a superação mesmo do racionalismo brechtiano através de uma arte teatral síntese de todas as artes e não-artes, circo, show, teatro de revista etc.". O escritório de usura, local da ação do primeiro e do terceiro atos, passa a ser a metáfora de "todo um país hipotecado ao imperialismo". O início tem "uma forma pluridimensional, futurista, na base do movimento e da confusão da cidade grande. O estilo vai desde a demonstração brechtiana (cena do Cliente) ao estilo circense (jaula), ao estilo de conferência, teatro de variedades, teatro no teatro. O segundo ato é o ato da Frente Única Sexual (réplica da conservadora Frente Única política, criada pelos políticos tradicionais para combater o tenentismo), passado numa Guanabara de farra brasileira, uma Guanabara de telão pintado 'made in the States', verde-amarela. (...) A única forma de interpretar esta falsa ação, essa maneira de viver *pop* e irreal é o teatro de revista, a Praça Tiradentes. (...) O terceiro ato é a tragicomédia da morte, da agonia perene da burguesia brasileira, das tragédias de todas as repúblicas latino-americanas com seus reis tragicômicos vítimas do pequeno mecanismo da engrenagem. Um cai, o outro o substitui. (...) A ópera passou a ser a forma de melhor comunicar este mundo. E a música do Verdi brasileiro, Carlos Gomes, *O escravo* e o nosso pobre teatro de ópera, com a cortina econômica de franjas douradas e pintadas, passa a ser a moldura deste ato". Para esquematizar, pode-se dizer que o espetáculo do Oficina fundia três estilos, que predominavam cada um num ato: o circo, a revista e a ópera. Obtinha-se uma grande imagem grotesca do País – e verdadeira.

A montagem levou às últimas conseqüências, com imaginação fértil, todas as sugestões do texto. José Celso sublinhou, expressionisticamente, cada intenção de Oswald. Os cenários e figurinos de Hélio Eichbauer entrosaram-se perfeitamente com a exegese do diretor, criando imagens belíssimas. A música foi utilizada com rigorosa adequação. Ouvem-se: no primeiro ato – *São Paulo quatrocentão*, de Mário Zan, e *São Paulo da garoa*; *La bohème*, de Puccini ("Che Gelida Manina"); *Marcha do IV Centenário de São Paulo*, de Mário Genaro Filho; *Blue*, de David Brubeck; *Aleluia*, de Vila-Lobos; *Aleluia*, alternada com marcha de John Philip Sousa; tema sacro com órgão – *Ave Maria*, de Gounod; *Casinha pequenina*, composição de autor ignorado, pertencendo ao domínio público, em arranjo de Rogério Duprat; *Tema*, de Vivaldi; *Aquarela do Brasil*, de Ary Barroso, em arranjo de Rogério Duprat; *Casinha pequenina*, com Bidu Saião; *Aleluia*, de Vila-Lobos; e *Vivere*, de Bixio; no segundo ato – *Zé Pereira*, criação popular de meados do século XIX; *Cidade maravilhosa*, de André Filho, lançada no Carnaval de 1935 e hoje marcha oficial do Estado da Guanabara; *Yes, nós temos bananas*, de João de Barro e Alberto Ribeiro; Batucada de Escola de Samba; *Casinha pequenina*, em arranjo de Rogério Duprat; *Scherazade*, de Rimski Korsakov; *Paris Belfort*; *Casinha pequenina*, em iê-iê, arranjo de Rogério Duprat; Capoeira, em berimbau; e *Descobrimento do Brasil*, de Vila-Lobos; e no terceiro ato – *Lo Schiavo*, de Carlos Gomes; ária "Foi a bola do cano que penetrou profundamente", de Renato Borghi; *Aleluia*, de Vila-Lobos; *Canção do Jujuba*, de Caetano Veloso; *Marcha nupcial*, de Mendelson; e *Aquarela do Brasil*, de Ary Barroso. Só discuto, na montagem, a talvez excessiva duração, quando o estilo telegráfico de Oswald sempre me fez pensar num espetáculo menor, mais consentâneo com o seu espírito de síntese. É inegável, porém, que aquilo que em José Celso extrapolou a indicação mais imediata do texto revelava um profundo conhecimento da obra inteira de Oswald e do importante papel desempenhado por sua turbulenta e agressiva personalidade na vida provinciana do Brasil. Todo o humor irreverente e provocativo do espetáculo, em que Abelardo II simula, no final, que penetra a vela no traseiro de Abelardo I morto, é bem o Oswald avesso a qualquer compromisso com os costumes convencionais. A esse respeito, Décio de Almeida Prado, em sua crítica de *O Estado de S. Paulo* (20 de outubro de 1967), observou que a "sina gloriosa e melancólica de todo precursor é ser eventualmente alcançado e ultrapassado. Nunca julgaríamos, por exemplo, que a carga de sexualidade de *O rei da vela* fosse considerada algum dia insuficiente, necessitando explicitação e reforço. No entanto, é o que acaba de suceder. O ideal da encenação de José Celso Martinez Corrêa é ir sempre um pouco além do texto, ser mais Oswald de Andrade do que o próprio Oswald de Andrade". A conclusão do comentário, porém, é bastante favorável: "*O rei da vela* é cheia de altos e baixos: o público ora fica preso ao espetáculo, ora parece perder por completo o contato com a cena. Esta oscilação, fatal certamente em outros tipos de dramaturgia, não chega a ter no caso maior importância, porque o talento de Oswald não é de equilíbrio, de homogeneidade: é feito de fulgurações, de intuições descontínuas. Não devemos medir o resultado final pelo nível médio mas pela soma destas cintilações sarcásticas ou poéticas. E há, seja no texto de Oswald de Andrade, seja na encenação de José Celso Martinez Corrêa, cintilações em quantidade suficiente para iluminar o teatro brasileiro durante vários anos. Nem tudo é bom em *O rei da vela*. Mas o que é bom, é muito bom".

A reação dos espectadores, como se poderia prever, não teve um caráter uniforme. Ou se gostou muito ou se detestou. Por uma pequena amostra das respostas a um questionário distribuído no teatro, a conclusão é de que a maioria apoiou a montagem. Lê-se, por exemplo: "Diferente, verdadeira, chocante", "É arrasante", "Ótimo", "Forte", "Corajoso", "Um murro na cara", "É uma peça onde se pensa durante o espetáculo e muito mais depois", "Muito boa. Reflete o Brasil atual", "Ótima crítica ao capitalismo", "Achei muito boa. Doeu. Me atingiu. É só...", "Excelente", "Bom como crítica de regimes", "Fabuloso", "Bom", "Ótima crítica da atualidade", "Aqui só tem sentido o impacto" etc. Outras observações, em número mais reduzido, não foram favoráveis: "Fantasioso do real", "Pretensioso", "Pode ser que o teatro esteja decadente, mas para se ouvir palavrões é preferível ir à Boca do Lixo ou ouvir Dercy Gonçalves", "Ridículo e pornográfico", "Uma porcaria", "Uma forma infeliz de apresentar a realidade brasileira", "Uma peça fora de atualidade, cuja única explicação para estar em cartaz é o seu sensacionalismo e os palavrões do primeiro e segundo atos – Péssima", "Péssimo", "Um monte de sujeira" etc. Outras respostas apresentam ponderações de feitio diferente: "Ótima encenação, porém no caso do Brasil este espetáculo não fará nada, devido à forma 'barroca' do espetáculo", "Peça arrojada, mas que a meu ver infelizmente não é assistida por aqueles a quem ela realmente é dirigida como mensagem", "Parece-me que atingiu a realidade brasileira, mas o único senão a meu ver foi a linguagem um tanto real demais o que para mim chegou a ser pornográfica", "Não é das melhores peças. Exige um público bastante entrosado nos assuntos econômicos e políticos. A mensagem não atinge um público mais necessitado. Somente os que já têm certo conceito". Conclui-se, sem dificuldade, que ninguém ficou indiferente a *O rei da vela*. Em 1971, o elenco do Oficina viajou de Brasília a Salvador e a numerosas cidades do Nordeste e do Norte do Brasil, com três espetáculos: *Pequenos burgueses*, de Górki; *Galileu Galilei*, de Brecht; e *O rei da vela*. Informou-me José Celso que o maior sucesso da excursão foi, por toda parte, a peça de Oswald.

O rei da vela participou, em abril de 1968, de dois certames internacionais, na Europa: a *Quarta Rassegna Internazionale dei Teatri Stabili*, em Florença, na Itália; e o VI Festival Mundial de Teatro, em Nancy, na França. Houve, também, uma representação no Teatro da Comuna de Auberviliers, um dos mais importantes centros dramáticos do subúrbio parisiense, no dia 10 de maio, antes da volta ao Brasil. Apesar das críticas desfavoráveis de jornais italianos, pode-se afirmar que o saldo da excursão européia foi amplamente positivo.

Ruggero Jacobbi escreveu, para a revista internacional *D'Ars Agency*, de Milão, o artigo *Encontros em Florença* (publicação de 1º de junho daquele ano, em cinco línguas: italiano, francês, inglês, alemão e espanhol), do qual reproduzo a seguinte parte: "... *A rassegna* florentina trouxe à ribalta os formidáveis checos do *Jeu de l'amour et de la mort* (sombras de Romain Rolland e de Firmin Gémier finalmente vingadas!), além dos tradicionais irlandeses do discutido O'Casey, e muitas outras coisas mais ou menos aplaudidas, entre as quais uma – só uma – condenada quase por unanimidade, sobre a qual gostaria de fixar a atenção, por motivos pessoais, sentimentais, mas também (espero) de interesse geral. Estou falando de *O rei da vela* de Oswald de Andrade, apresentado pelo grupo brasileiro do Teatro Oficina, de São Paulo, com uma comovedora, sintomática falta de sucesso. (Apenas Carlo degl'Innocenti num jornal comunista e Ludovico Mamprim em dois diários católicos fizeram um discurso construtivo; o que paradoxalmente significa mais uma vez que só das posições de "fé" pode nascer crítica verdadeira, ao passo que na esfera do ceticismo pós-croceano ou neo-iluminista só nascem piadas esnobes ou pedantismos acadêmicos). *O rei da vela* é o extraordinário, *ubuesque*, *ithifallique*, antropofágico poema de um dos maiores escritores do século, daquele Oswald que numa noitada futurista foi visto de braços dados com Joyce aqui em Trieste, no começo do século; do Oswald que, embora alimentado de cultura européia, soube libertar-se da mesma para proclamar no Brasil uma revolução que não era apenas modernista, como disseram, mas também, e espantosamente, nacional-popular. Devo dizer com toda a tranqüilidade que os italianos presentes, entre os quais a fina flor da crítica, não entenderam patavina; ou talvez não pudessem; e isto (seja claro e justo também o avesso dialético) designa ao mesmo tempo os limites desses italianos e um duro, insuperável limite dos rapazes de São Paulo. Erro da crítica italiana foi o de ter acreditado que o mau gosto de certas roupas, cenários, gestos, maquilagens, fosse um mau gosto do diretor e dos atores, quando se tratava mesmo do mau gosto do Carnaval carioca, do Brasil convencional, do Folclore para exportação, assumidos em cheio, em proporção macroscópica; e que a queda no nível da revista fosse involuntária e grosseira, quando o Teatro Oficina queria mesmo adotar a linguagem do mais baixo e obsceno tipo de espetáculo musical do mundo (as revistas da Praça Tiradentes) para agredir o mesmo público, porém de outro lado, do lado de uma ideologia não mais ilusória ou cínica. Assim as freqüentes referências à ópera italiana, a explosão da cançoneta *Vivere* e do hino *Giovinezza* pertencem integralmente ao panorama de São Paulo, cidade dos mortos em pé, dos mortos de vidro e cal, dos mortos em arranha-céu, dos mortos perambulantes e frenéticos; cidade de uma vertigem criadora e todavia fúnebre, de onde surge *naturalmente* o coro assustador de Oswald, que é antes de mais nada um coro de imigrados, de homens que confiaram na América e acharam nela o inferno. Explica-se assim a vingança do carreirista social, que é sem dúvida um italiano: Abelardo I, rei da vela. E esta bendita vela tem dupla significação: de símbolo sexual (tanto que exatamente no traseiro de Abelardo I será efetuada a punição, 'olho por olho'...) e de poético símbolo da miséria: – a vela dos mortos, no grande espaço do sertão sem eletricidade, e uma inteira nação reduzida à menor luz, ao fim da vela. O texto é de 1933, entretanto adapta-se incrivelmente ao Brasil de nossos dias, graças à feliz violência de José Celso Corrêa e de seus atores superimaginativos, entre os quais Renato Borghi, Liana Duval, Fernando Peixoto e Ítala Nandi. Gente moça, cheia porém de raiva pelo próprio país e pelo próprio destino; gente que exprime uma dor e uma esperança; consciências esquentadas e desencantadas ao mesmo tempo. Sem dúvida nossas 'galinhas verdes' (sim, meus caros, a farda do fascista na peça tem mesmo a cor das fardas inventadas pelos loucos que foram atrás do integralismo de Plínio Salgado) devem ter-se arrepiado, e com eles também os mestres de sobrecasaca do último idealismo liberal, seus aliados desde sempre; a *oposição de Sua Majestade* de que precisa toda a burguesia moderna... Erro dos moços paulistas, porém, foi o de não levar à Itália e à França um texto mais evidente, menos baseado em piscadelas à situação nacional. Assim tivemos de ler certas críticas inconscientemente racistas, pelas quais estes moços seriam pré-Brecht, pré-Beckett, velhos futuristas, velhos expressionistas; ao passo que eles vêm exatamente *depois* do Brecht da dramaturgia brasileira de ontem, *depois* do Beckett da vanguarda luso-parisiense, *depois* do futurismo que foi paulista nos Anos Vinte e do expressionismo que foi carioca-polonês nos Anos Quarenta. Eles oferecem além do mais uma resposta a um teatro 'comercial de arte' de nível muito alto, como o das companhias de Cacilda Becker, Paulo Autran ou Maria Della Costa, que têm o mesmo padrão das nossas Compagnia dei Giovani ou Proclemer-Albertazzi. A resposta do Oficina a esse teatro por demais 'civilizado' é muitas vezes brutal e primária; mas é a resposta de uma geração desesperada, a quem provisoriamente pouco importa 'a arte', porquanto tende à derrocada, ao dilúvio. Esses moços chegaram a ponto de desconfiar de qualquer cultura, não só americana como européia, *por nossa culpa*; porque toda a cultura desse tipo foi, e é, cúmplice, no Terceiro Mundo, de todas as formas de colonialismo. Espetáculo às vezes errado, às vezes pletórico, *O rei da vela* não nos pede as distinções sutis da hipercrítica; ele invoca e provoca os tempos da ação. Por isso ele fica deslocado numa Europa tão segura de si e do próprio tédio" (o texto em português é do próprio Ruggero Jacobbi).

Comentando o Festival de Nancy, Nicole Zand afirmou em *Le Monde* (jornal parisiense) de 10 de maio de 1968: "No *Grand Théâtre*, dez companhias de dez países se apresentaram. (...) Os dois programas mais originais e marcantes foram trazidos pelos holandeses e pelos brasileiros. É significativo que essas duas companhias tenham sido originariamente universitárias, fazendo a ligação entre as duas fórmulas do Festival de Nancy (no início do artigo, Nicole Zand observou que, em 1968, o certame inaugurava uma nova fórmula, recebendo pela primeira vez, em lugar dos grupos universitários, jovens companhias profissionais escolhidas entre as mais originais e inovadoras de seus países). (...) Enfim, com *O rei da vela*, de Oswald de Andrade, o Teatro Oficina de São Paulo dava um espetáculo propositalmente mal-educado, grosseiro, vulgar, de mau gosto. Grosseria e vulgaridade reivindicadas pelos brasileiros e pelo diretor José Celso Corrêa, que apresentou um dos mais importantes espetáculos do Festival. A partir de uma peça escrita há 35 anos, na época da crise do café, e narrando o casamento forçado entre a burguesia latifundiária decadente e a nova classe comprometida com os norte-americanos. Corrêa, como Glauber Rocha em *Terra em transe*, procura uma linguagem teatral autenticamente nacional. Para exprimir 'o trabalho, o amor e a morte' da burguesia brasileira, ele utiliza o estilo da comédia popular unindo a Ópera e o Carnaval do Rio. Para denunciar a podridão de um mundo, ele não teme apontar, mostrar essa podridão e seus atributos – o dinheiro, o sexo, os grandes sentimentos, o gosto pelas óperas de Verdi. Em São Paulo, a capital econômica do Brasil, o espetáculo chocou e quiseram interditá-lo. É fácil compreender. Além da paródia e do desafio, ele traduz a realidade de uma sociedade bem viva".

Sob o título *Uma comédia em transe*, o crítico Bernard Dort, um dos maiores ensaístas teatrais contemporâneos, escreveu um expressivo comentário sobre o espetáculo que havia visto em Nancy: "Reconheçamos: *O rei da vela*, que o Teatro Oficina de São Paulo apresenta, é um espetáculo que desconcerta, que irrita. Para nós, espectadores de 'vanguarda', ele tem algo que pode desorientar, na verdade revoltante. Certamente, os grandes problemas políticos que evoca a peça, composta por Oswald de Andrade entre 1933 e 1937, não perderam nada de sua atualidade. Imagino que, no Brasil, a subida ao poder de uma pequena burguesia de negociantes (o melhor desses negócios não é a venda da vela mortuária obrigada, num país em que a mortalidade, a mortalidade infantil sobretudo, continua muito elevada...) que se apressa em se aliar à aristocracia latifundiária (a do café) e que se dirige em seguida, para consolidar seu poder, aos ianques, não é somente um fenômeno do passado: é a própria realidade que o Brasil continua a viver, a reviver, até a náusea, há já bem três décadas. Mas a força de provocação do espetáculo não vem daí: ela nasce do modo de representação desta própria matéria histórica. A escrita da peça de Oswald de Andrade não tem nada a ver com a que era a regra na época – e mesmo depois – no teatro 'empenhado' (das obras de Clifford Odets às de Arthur Miller): em lugar de Górki, são Marinetti e os dadaístas que ela escolhe como ponto de referência. Aí começa nossa perturbação: um jogo grotesco do teatro e sobre o teatro se instala no próprio coração da sátira ou do drama social. José Celso M. Corrêa e seus companheiros levaram esse aparente paradoxo até suas últimas conseqüências: eles foram até o fim do que Oswald de Andrade lhes propunha. Trinta anos de uma história dando voltas sobre si mesma os separavam da obra: eles não aproveitaram o pretexto para converter *O rei da vela* em um drama das lutas políticas inúteis ou em uma tragédia da sociedade absurda. Eles fizeram desses trinta anos uma das dimensões de seu espetáculo: a de uma impiedosa derrisão. O 'cadáver gangrenado' do Brasil, do qual falava Oswald de Andrade, tornou-se agora grotesco, grosseiramente cômico. Não é mais um cadáver, é uma farsa de cadáver. *O rei da vela* transformou-se assim, no Teatro Oficina, em um jogo de massacre teatral à enésima potência. Ele se vale ao mesmo tempo da representação épica (reconhecer-se-á nele o palco giratório e o cenário de *Arturo Ui*, pelo 'Berliner Ensemble'), do teatro de variedades e de opereta, enfim, do gênero nobre e burguês por excelência: a ópera. Ele os parodia. Todo o espetáculo nos propõe assim uma espécie de 'escalada' na derrisão teatral e é através de um jogo de espelhos sempre mais deformantes que o espetáculo é chamado a reconhecer a realidade atual do Brasil: a de uma monstruosa comédia histórica. Sem dúvida muitas referências nos faltam: é a um público brasileiro que o espetáculo se dirige. Onde nós podemos suspeitar José Celso M. Corrêa e seus intérpretes de conformar-se e soçobrar no mau gosto, o espectador de São Paulo ou do Rio não deve enganar-se: é seu próprio mau gosto, o de seus espetáculos de predileção, que está aqui encenado. Mas isso não tem importância. O essencial fica esse disfarce grotesco, agressivo que, longe de nos distanciar da realidade histórica, nos remete a ela no fim de contas, pelos próprios meios do teatro. Impossível não pensar na *Ópera de três tostões*. Brecht também tentava fazer rebentar na face do público de 1928 a imagem que este público dava a si mesmo nos seus divertimentos 'culinários'. Mas talvez Brecht e Weill ficaram então um pouco tímidos, um pouco prisioneiros de nosso bom gosto e da tradição teatral do Ocidente. No Teatro Oficina, foi-se mais longe: até a obscenidade e a careta. Esta comédia-farsa de um Brasil em transe é também um meio de acabar com a imitação estéril do teatro ocidental, de fazer tábua rasa. Vejamos nele não uma tranqüila experiência para fundar um teatro folclórico e nacional (como era o espetáculo brasileiro que fez correr Nancy e Paris há dois anos: *Morte e vida severina*), mas um apelo enraivecido e desesperado em direção a um outro teatro: um teatro de insurreição".

Na volta ao Brasil, *O rei da vela*, depois do Ato Institucional nº 5, chegou a ser interditado. O Oficina conseguiu de novo a liberação do espetáculo, mediante um acordo com a Censura, pelo qual foram feitos cortes e mudanças no texto. As alterações visaram sempre a atenuar principalmente a carga política da peça, ficando às vezes deturpado o sentido. Como não houve modificação na estrutura geral dos atos, não se perdeu, entretanto, o impacto da trama, que conserva o mesmo vigor explosivo. As exigências da Censura prendem-se, em geral, às suas normas, pautadas pelo § 8º do Art. 153 da Constituição da República Federativa do Brasil (Emenda Constitucional nº 1, de 17 de outubro de 1969), que segue a mesma orientação dos diplomas anteriores e cujo teor reproduzo: "§ 8º – É livre a manifestação de pensamento, de convicção política ou filosófica, bem como a prestação de informação independentemente de censura, salvo quanto a diversões e espetáculos públicos, respondendo cada um, nos termos da lei, pelos abusos que cometer. (...) Não serão, porém, toleradas a propaganda de guerra, de subversão da ordem ou de preconceitos de religião, de raça ou de classe e as publicações e exteriorizações contrárias à moral e aos bons costumes". A título de documentação, que servirá de esclarecimento a respeito de problemas que enfrenta o teatro brasileiro, passarei a indicar as alterações mais expressivas, determinadas pela Censura, em vigor na ocasião.

No primeiro ato, quando Abelardo I afirma que "a polícia ainda existe...", o Cliente, no original, responde: "Para defender os capitalistas! E os seus crimes!". No espetáculo, ele apenas exclama: "Oh, sim...". Abelardo I continuava: "Para defender o meu dinheiro". No espetáculo, ele fala: "Para nos defender". A polícia passa, assim, a defensora de todos... Adiante, Abelardo I, ao dizer que Cristiano de Bensaúde lhe escreveu, propondo frente única contra os operários, falava à Secretária para responder em tese: "Insinue que é melhor ele ser um puro policial". No espetáculo, ouvia-se: "Insinue que é melhor que ele não vá tão longe". Essa réplica prosseguia: "Cite o exemplo do próprio Vaticano. Coisas concretas. A adesão política da Igreja contra um bilhão e setecentos milhões de liras, o ensino religioso e a lei contra o divórcio. Toma lá, dá cá. Não vê que um alpinista como Pio XI põe anjos em negócios." Esta última frase foi cortada. Na cena com o intelectual Pinote, Abelardo I lhe diz: "Imagine se o senhor escreve sobre a revolta dos marinheiros pondo em relevo o João Cândido... ou algum comunista morto num comício!". A frase passou a terminar assim: "... ou alguém morto num comício!". Pinote replicava: "Não há perigo. A polícia me perseguiria". Sua deixa mudou: "Não há perigo. Eles me perseguiriam". Abelardo sentenciava: "É preciso ser assim, meu amigo. Imagine se vocês que escrevem fossem independentes! Seria o dilúvio! A subversão total. O dinheiro só é útil nas mãos dos que não têm talento. Vocês escritores, artistas, precisam ser mantidos pela sociedade na mais dura e permanente miséria! Para servirem como bons lacaios, obedientes e prestimosos. É a vossa função social!". A fala passou a ser a seguinte: "É preciso ser assim, meu amigo. Imagine se vocês que escrevem fossem independentes! Seria o dilúvio! A perdição total. O dinheiro só é útil nas mãos dos que não tiverem chances. Vocês escritores, artistas, precisam ser mantidos pela sociedade no mais completo abandono! Para servirem como bons e prestimosos. É a vossa função social!". Abelardo I insistia: "Precisamos de lacaios...". Passou a dizer: "Precisamos de vocês...". Pinote ponderava: "Mas dizem por aí que a Revolução Social está próxima. Em todo o mundo. Se a coisa virar?". Ele afirmava simplesmente: "Mas dizem por aí que a renovação está próxima. Em todo o mundo". Abelardo I indignava-se com Pinote: "Não leva nem dez mil réis, creia! A minha classe precisa de lacaios. A burguesia exige definições! Lacaios, sim! Que usem fardamento. Rua". Sua fúria mudou-se para estas palavras: "Não leva nem dez mil réis, creia! A minha classe precisa de vocês. Vocês não exigem definições. Vocês, sim, usam essa máscara. Rua". Abelardo I dizia a Heloísa, sobre Pinote: "Voltará! De camisa amarela, azul ou verde. E de alabarda. E ficará montando guarda à minha porta! E me defenderá com a própria vida, da maré vermelha que ameaça subir, tomar conta do mundo! O intelectual deve ser tratado assim. As crianças que choram em casa, as mulheres lamentosas, fracas, famintas são a nossa arma! Só com a miséria eles passarão a nosso inteiro e dedicado serviço! E teremos louvores, palmas e garantias. Eles defenderão as minhas posições e a tua ilha, meu amor!". A réplica passou a ser: "Voltará! De camisa amarela, azul ou verde. E de alabarda. E ficará montando guarda à minha porta! E me defenderá com a própria vida, da maré que ameaça subir, tomar conta do mundo! Vocês devem ser tratados assim. As crianças, as mulheres são a nossa arma! Só assim eles passarão a nosso serviço! E teremos louvores, palmas e garantias. Eles defenderão as nossas posições e a nossa paz e liberdade." Abelardo I mencionava, para Heloísa: "Um porto saneado... Com armazéns... guindastes... E uma multidão de trabalhadores para nos dar a nota...". A fala transformou-se: "Um porto saneado... Com armazéns... guindastes... E uma multidão para nos ajudar...". Abelardo I admitia: "Os degraus do crime... que desci corajosamente sob o silêncio comprado dos jornais e a cegueira da justiça de minha classe!". A fala ficou assim: "Os degraus do submundo... que desci corajosamente. Sob o silêncio comprado de todos e principalmente da minha classe!". Abelardo contava o seu processo: "Com dinheiro inglês, comprei café na porta das fazendas desesperadas. De posse de segredos governamentais, joguei duro e certo no café-papel! Amontoei ruínas de um lado e ouro do outro!". A operação passou a ser relatada assim: "Com dinheiro comprei café na porta das fazendas. De posse de alguns segredos, joguei duro e certo no café-papel. Economizei de um lado e recebi ouro do outro!". A vela, produzida, entre outros, para os contrabandistas no mar, destinou-se no espetáculo aos pescadores no mar... Abelardo I concluía: "Herdo um tostão de cada morto nacional!". Ele passou a herdar "um tostão de cada um que se vai". As "duas filhas viciadas" e "os dois filhos tarados" do Coronel Belarmino transformaram-se em "duas filhas anormais" e "dois filhos débeis mentais"; e "a solução que os governos não deram..." se transformou na "solução que ninguém deu". Abelardo I falava a Heloísa: "Não faça ironia com a sua própria felicidade! Nós dois sabemos que milhares de trabalhadores lutam de sol a sol para nos dar farra e conforto. Com a enxada nas mãos calosas e sujas. Mas eu tenho tanta culpa disso como o papa-níqueis bem colocado que se enche diariamente de moedas. É assim a sociedade em que vivemos. O regime capitalista que Deus guarde...". A fala se alterou: "Não faça ironia com a sua própria felicidade! Nós dois sabemos que milhares de outras pessoas trabalham para nos dar paz

O rei da vela

e conforto. Mas eu tenho tanta culpa disso como o papa-níqueis bem colocado que se enche diariamente de moedas. É assim o mundo em que vivemos. Que Deus nos guarde...". Abelardo I observava: "Os ingleses e americanos temem por nós. Estamos ligados ao destino deles. Devemos tudo, o que temos e o que não temos. Hipotecamos palmeiras... quedas de água. Cardeais!". Na montagem: "Todos temem por nós. Estamos ligados ao destino deles. Devemos muito, muito mesmo. Hipotecamos tudo". Heloísa mencionava: "Eu li num jornal que devemos só à Inglaterra trezentos milhões de libras, mas só chegaram até aqui trinta milhões...". A réplica ficou: "Eu li num jornal que devemos só para um trezentos milhões de liras". Abelardo concordava: "É provável! Mas compromisso é compromisso! Os países inferiores têm que trabalhar para os países superiores como os pobres trabalham para os ricos". Abelardo passou a dizer: "É provável! Mas compromisso é compromisso! Os países superiores como os pobres trabalham para os ricos". Ainda no primeiro ato, Abelardo I, que afirmava saber que é "um simples feitor do capital estrangeiro", soube no espetáculo que é "um simples feitor".

O segundo ato, como se passa numa ilha, mais para mostrar a decadência sexual que acompanha a desagregação das classes abastadas, já não foi tão atingido pela Censura, porque os costumes evoluíram muito em trinta anos. É sintomático, por exemplo, que a bandeira americana, que encimava um mastro, se tivesse convertido em bandeira tropicalista. Não se mencionou mais o Saco de São Francisco... Mesmo na praia Abelardo I fez comentários sobre a situação, e o café trocado por armas. Guerra contra quem? "Contra qualquer pessoa! (...) Ou então contra a Rússia! A Rússia está aporrinhando o mundo!" No espetáculo: "Contra qualquer pessoa! (...) Ou então contra eles! Eles estão chateando o mundo!". A respeito de Perdigoto, Abelardo I dizia: "Passei a vida arrancando osso, pele e sangue de meio mundo para ser explorado agora... por um fascista... colonial!". A conotação política foi suprimida: "(...) para ser explorado agora... por um boboca... como você!". Perdigoto propunha a Abelardo I: "Fora de brincadeira. A situação obriga a isso. Organizemos uma milícia patriótica".

Perdigoto mudou de proposta: "Fora de brincadeira. A situação obriga a isso. Organizemos uma festa". Estranha sinonímia... Abelardo I observava que a idéia de Perdigoto "é uma cópia do que está se fazendo nos países capitalistas em desespero!". Na montagem, "é uma cópia do que está se fazendo em todo o mundo". Abelardo ameaçava Perdigoto: "Se dentro de uma semana não estiver organizada a milícia, ponho-o na cadeia!". Com a Censura, a ameaça ficou assim: "Se dentro de uma semana não estiver organizada a defesa, ponho-o na cadeia!". Foi cortada uma observação de Abelardo I sobre Perdigoto: "Vai fundar a primeira milícia fascista rural de São Paulo". Abelardo I afirmava: "O catolicismo declara que esta vida é um simples trânsito. De modo que os que passaram mal, trabalhando para os outros, devem se resignar. Comerão no céu...". A fala do espetáculo suprimiu a referência ao trabalho "para os outros": "O catolicismo declara que esta vida é um simples trânsito. De modo que os que passaram mal, trabalhando... Devem se resignar, receberão a recompensa no céu". Abelardo declarava que era preciso lutar e vencer: "De uma maneira fascista mesmo." No espetáculo, era preciso lutar e vencer "de qualquer maneira mesmo". A última alteração do segundo ato apenas transformava o Americano de "Deus Nosso Senhor do Arame" em "Deus do Arame"...

    O terceiro ato sintetiza o significado político de *O rei da vela* e era esperável, assim, que a Censura voltasse a exigir maior número de cortes. Logo no início, Abelardo I dizia: "Mas eu já não sirvo para essa operação imperialista". A réplica terminou com "essa operação". O Ponto falava: "Mas a crise... A situação mundial... O imperialismo. Com o capital estrangeiro não se brinca!". Sua deixa ficou reduzida: "Mas a crise... A situação mundial. Com esse negócio não se brinca!". Desapareceu a referência ao "Americano desistir do direito de pernada" em relação a Heloísa. Abelardo I mencionava para Abelardo II o seu dinheiro: "O que troca de dono individual, mas não sai da classe. O que através da herança e do roubo se conserva nas mãos fechadas dos ricos... Eu te conheço e identifico, homem recalcado do Brasil! Produto do clima, da economia escrava e da moral desumana que faz milhões de onanistas desesperados e de pederastas... Com esse sol e essas

O rei da vela

mulheres!... Para manter o imperialismo e a família reacionária". A réplica ficou: "O que troca de dono individual, mas não sai da classe. O que através da herança e do roubo se conserva em mãos fechadas... Eu te conheço e identifico, homem recalcado! Produto do clima e da moral desumana que faz milhões de marginalizados... Com esse sol e essas mulheres... Para manter isso e a família". Foi suprimida a fala de Abelardo I: "O socialismo conserva...". Abelardo I dizia a Abelardo II: "Deixo vocês ao Americano... E o Americano aos comunistas. Que tal o meu testamento?". A deixa foi simplificada: "Deixo vocês ao Americano... Que tal o meu testamento?". Abelardo I prosseguia: "Se todos fossem como o oportunista cínico que sou eu, a revolução social nunca se faria! Mas existe a fidelidade à miséria! Eu estou saindo da luta de classes...". A réplica se atenuou para: "Se todos fossem como o oportunista cínico que sou eu, isso nunca se faria! Eu estou saindo da luta...". Abelardo I dizia que, se sarasse, talvez mudasse de dono: "Voltava a trabalhar para o imperialismo inglês..." (não mais para o americano). Na montagem Abelardo I dizia: "Voltava a trabalhar para eles" (e não se entende quem são eles). Abelardo I não matará Abelardo II: "Para quê? Outro abafaria a banca. Somos uma barricada de Abelardos! Um cai, outro o substitui enquanto houver imperialismo e diferença de classes...". Na encenação, ele não mata da mesma forma, porque "um cai, outro o substitui, enquanto houver diferença entre as pessoas..." (o que Oswald quis dizer é que não há diferença entre as pessoas de uma mesma classe...). Abelardo I falava a Abelardo II: "Se vejo com simpatia, neste minuto da minha vida que se esgota, a massa que sairá um dia das catacumbas das fábricas... é porque ela me vingará... de você... Que horas são? Moscou irradia a estas horas. Você sabe! Abra o rádio. Abra. Obedeça! É a última vontade de um agonizante de classe!". A réplica foi mais uma vez simplificada: "Se vejo com simpatia, neste minuto da minha vida que se esgota, a massa me vingará... de você... Que horas são? Eles irradiam a essas horas. Você sabe! Abra o rádio. Abra. Obedeça! É a última vontade de um agonizante" (com os cortes, ficou sem sentido a frase, além de não se ter uma idéia de quem irradia...). Ligado o rádio, ouviam-se os sons da Internacional, que se transformaram nos sons das vozes dos trabalhadores... embora Abelardo II continuasse a mencionar, depois, o hino comunista. Não é Moscou que "irradia no coração dos oprimidos de toda a terra!", mas "eles irradiam...". Na parábola do cachorro Jujuba, Abelardo I contava: "Morreu batido e esfomeado como os outros, na rua, solidário com a sua classe! Solidário com a sua fome! Os soldados ergueram um monumento a Jujuba no pátio do quartel. Compreenderam o que não trai. Eram seus irmãos. Os soldados são da classe do Jujuba. Um dia também deixarão atropeladamente os quartéis. Será a revolução social...". A fala modificou-se: "Morreu batido e esfomeado com os outros, na rua solitário (em lugar de solidário) com os outros! Solitário com sua fome! Compreenderam o que não trai. Eram seus irmãos. Eles são da classe do Jujuba...". Abelardo II observava que os soldados são patriotas e amam o Brasil, provocando a seguinte réplica de Abelardo I, que foi cortada: "Mas o Brasil não ama os seus soldados! Eles ganham o que por mês? Para defender os que ganham vinte contos por semana como o Americano! E eu e você, os lacaios dele!". Também foi suprimida a frase de Abelardo I: "Só o dinheiro dá a liberdade". E, mais adiante, ele exclamava: "Não quero ouvir. Feche! Não quero nada de graça... Não admito. Sino é de graça...". A réplica ficou reduzida para: "Não quero ouvir. Fecha! Não quero nada de graça...". Suprimiu-se a afirmação de Abelardo I: "Sino é a única coisa que a Igreja dá grátis!". O corifeu dos devedores relapsos não representava mais "os que pedem envergonhadamente tostões para dar de comer aos filhos". Ele afirmava: "Só encontramos aqui escravidão e trabalho! Sob as garras do imperialismo!". No espetáculo, a escravidão e o trabalho ficaram "sob as garras deles!". Aí está a quase totalidade das alterações determinadas pela Censura, para que *O rei da vela* pudesse continuar em cartaz. Um dado humorístico: os qualificativos referentes ao Brasil – "medieval" e "semicolonial" – foram reduzidos a "tropical".

Indiquei, no *Panorama do teatro brasileiro*, que *Deus lhe pague*, de Joracy Camargo, estreada em 1932, tem provavelmente um parentesco com *Adão, Eva e outros membros da família*, de Álvaro Moreyra (p. 187). Em *Deus lhe pague*, dois mendigos dialogam, e um deles, com a esmola recebida, pode levar uma vida dúplice de rico – idéia que se aproxima da transformação do pedinte em milionário, na obra de Álvaro Moreyra. Nela, era importante a presença do *raisonneur*, que Joracy Camargo retomou, para transformar seu mendigo num "filósofo" que reflete sobre os erros e as injustiças da organização social. A fraqueza de Joracy foi do gosto literário, que freqüentemente reduzia a reflexão a frases de subliteratura e subfilosofia. Mas não vou cometer a injustiça de omitir uma idéia que me passou pela cabeça: talvez *O rei da vela* tenha sido sugerido a Oswald pelo conhecimento de *Deus lhe pague*. Enquanto, nesta peça, o mendigo é o *raisonneur*, em Oswald esse papel é desempenhado fundamentalmente pelo novo-rico, o agiota Abelardo I, que põe a nu as mazelas da sua classe e tem consciência do que o aguarda na História... Embora Oswald manipulasse os clichês da dialética marxista, ele o fez com o vigor de simplificação deliberada e o propósito de encontrar um esquema explicativo das grandes linhas dos acontecimentos nacionais e internacionais. Infelizmente, somos mesmo muito primários e esses chavões adquirem uma melancólica força persuasiva. *O rei da vela* realizava o desmascaramento do Brasil da década de 30, quando a direita estava em ascensão em muitos países do Ocidente. Respirou-se um pouco, depois da guerra, mas fatores semelhantes aos que levaram ao conflito continuaram a prevalecer. Sem a ilusão da Internacional, que Oswald ainda tinha, quando escreveu a peça, mas perderia também, com a *praxis* política. Se vemos hoje, com muito ceticismo, a esperança utópica de *O rei da vela*, a sua virulência crítica permanece de uma aterradora atualidade.

O HOMEM E O CAVALO

O rei da vela é a vida, paixão e morte de um burguês, dentro do regime capitalista. *O homem e o cavalo*, publicada em 1934, faz o julgamento da civilização burguesa, pela nova sociedade soviética. Sob a influência de *O mistério bufo*, de Maiakóvski, Oswald passa ao grande painel histórico, político e filosófico, condenando o mundo antigo em função de um homem novo, nascido do proletariado triunfante.

A essa peça se aplica melhor o epíteto de "teatro de tese", como o foi a dramaturgia de propaganda de Maiakóvski. Arma de combate num Brasil que daria no ano seguinte a malograda intentona comunista e que acolhia, com o integralismo, as grandes linhas das doutrinas nazifascistas, *O homem e o cavalo* não se importava, na graça demolidora de Oswald, de atacar o cristianismo e de assemelhá-lo aos regimes internacionais de direita, dentro da análise de Marx segundo a qual a religião sempre foi o ópio do povo. Pela paixão circunstancial do "endeusamento" de Stálin, por exemplo, em 1934 considerado pelo comunismo o verdadeiro sucessor de Lenin, a peça sob muitos aspectos se encontra superada. A "exegese" histórica do cristianismo só pode ser tomada como anedota, às vezes divertida e às vezes até sem graça. Resgatam o texto, porém, a audácia arquitetônica, a concepção grandiosa do espetáculo, o espírito na escolha das personagens representativas de cada episódio probante. *O homem e o cavalo* chegou, na época, a ser cogitada para montagem no Clube dos Artistas Modernos de São Paulo, mas a polícia proibiu a realização do espetáculo (segundo Oswald de Andrade Filho, o Teatro da Experiência, realizado no Clube dos Artistas Modernos, sob a direção do desenhista, pintor e arquiteto Flávio de Carvalho, não tinha preparo técnico. Tratava-se, na opinião do autor, de uma peça de estádio, e a sala era de bolso, com apenas 250 lugares. Oswald Filho não se lembrava de pormenores dos ensaios – nem chegou a haver ensaios –, mas mencionou a presença de uma polonesa, que deveria entrar nua, como Walkíria, montada num cavalo branco. Na realidade, eram trechos da obra, numa adaptação feita pelo próprio Oswald, por Flávio de Carvalho e um pouco por todos os participantes. Oswald Filho me disse que era "teatro feito no tapa". O Clube ficava embaixo do Viaduto Santa Ifigênia e o imóvel depois se transformou em sede do Partido Integralista. E, a seu ver, foi providencial a interdição do espetáculo, porque a estréia teria escandalizado o público e criado outros problemas para o pai).

Em vez dos atos tradicionais, Oswald dividiu a peça em nove quadros, que se passam sempre em cenários diferentes, do Céu ao Planeta Vermelho. Formam o elenco dezenas de personagens, além de marinheiros, soldados, povo, operários, um grupo de marcianos, cavalos e o cachorrinho Swendemborg. Como não se trata de aprofundar psicologicamente uma personagem, justifica-se esse desfile de figuras, as quais na maioria das vezes participam apenas de um quadro. A estrutura é a da justaposição de cenas aparentemente soltas, como ocorre no teatro épico de Brecht e, sob certa forma, já se encontrava no mistério medieval, em que a soma intérmina de episódios se fazia sob o prisma unificador do último Juízo. Não será absurdo afirmar que, em *O homem e o cavalo*, a História ganha sentido e se unifica sob a perspectiva final do mundo socializado. Mudam-se os deuses e continua a idéia de um paraíso em que acabarão todas as mazelas humanas.

O Céu do primeiro quadro é representado por um velho carrossel. Vê-se a inscrição Deus-Pátria-Bordel-Cabaço, resposta de Oswald ao Deus-Pátria-Família dos integralistas. O Céu confunde-se com o *slogan* da direita nacional, apenas modificado no sucedâneo da família, que são o bordel e o "cabaço". As Graças transformaram-se nas quatro Garças (seria um abrasileiramento da "garce" francesa, sinônimo de prostituta?), que fazem bordados e se entediam na eternidade insossa. São seus companheiros apenas o Poeta-Soldado, o Divo e São Pedro, surgindo no final o professor Ícar. A garça Balduína queixa-se da desolação celeste: "Eu fiquei virgem a vida inteira para guardar a castidade praqui! Falavam em festas de entontecer. Cardeais! Ceias. Não encontrei aqui nem um periquito macho para me coçar...". Malvina menciona São Pedro e Querubina diz preferir o Poeta-Soldado. Para Balduína, é outro "brocha"... O Divo "canta mas não entoa". Elas estão ficando histéricas e precisam consultar um psicopata (e não psiquiatra). Balduína comenta: "Também com estas três frutas... É isso! Homem que vem parar no céu!". O Poeta-Soldado irrompe, ao som de trombeta: "Eu quero regenerar a humanidade! Quero restaurar a guerra e o sentimento da guerra. Única higiene do mundo" (a fala parece extraída do Manifesto Futurista de Marinetti, que se identificou perfeitamente com as premissas fascistas, além de Poeta-Soldado ter sido o epíteto de Gabrielle D'Annunzio). O Poeta-Soldado concita as Garças a lembrar-se das amazonas, de Joana D'Arc e da "brasileira D. Pulquéria, que amamentou dezessete sargentos na guerra do Paraguai." O Divo, de dentro do reservado das mulheres, canta *La donna è mobile*. Ao aparecer, o Poeta-Soldado, num recurso antiilusionista já utilizado em *O rei da vela*, lhe diz que ele "perdeu o senso moral no palco". O Poeta-Soldado acrescenta que ali é céu, "mas céu moralizado! Censurado!". As Garças haviam lido, na véspera, um livro condenado – *Os homens preferem as loiras* –, por estarem fartas dos filmes de guerra (esse livro foi citado por Oswald, provavelmente, como *best-seller* da década de 1920. De autoria da escritora norte-americana Anita Loos, veio a lume em 1925, tornando-se conhecido depois em numerosos idiomas). São Pedro espanta-se com o frege que encontra e observa: "Respeitai a quarta dimensão do Paraíso. Se destruirmos este reduto da eterna mudança, o mundo mergulhará no materialismo histórico! Sou São Pedro: São Pedro na era da máquina!". Depois, esclarece: "Vivemos no único céu possível, acima das camadas estratosféricas! O Céu físico do meu compatriota Einstein – o céu no tempo". Como o Divo não sabe cantar a *Giovinezza*, hino do fascismo, o Poeta-Soldado exproba-o: "Como? Desconheces a obra-prima do bel-canto, salafrário! (...) Precisamos tomar as terras dos povos fracos e catequizados e entregá-los como escravos aos poderosos arianos, que têm esqueleto de anjo!". O Poeta-Soldado dirige-se ao público: "Que és tu, espectador, senão um espermatozóide de colarinho!". (Veja-se nessa réplica uma interpelação à platéia, nos termos do teatro de agressão que só seria praticado no Brasil na década de 1960.) Depois, eles entoam loas a várias camisas – do Repouso, de Morfeu, da Guerra, de Marte, do Amor e, naturalmente, de Vênus. Em meio aos latidos do cachorro Swendemborg, eles enxergam um balão, que pousa no Céu. Esse nome, Swendemborg, foi sugerido, talvez, pelo teósofo Emanuel Swedenborg, nascido em Estocolmo, em 1668, e morto em Londres, em 1772 (depois de ter visões, Swedenborg achou que o mundo espiritual que nos envolve, e os seres que o povoam – anjos ou demônios – agem sobre nós. Swedenborg inspirou a Strindberg a idéia do inferno terrestre, como obra da mulher, que mantém vivo o fogo no qual a humanidade se consome. Oswald pôs no cachorro o nome de Swendemborg – está claro – como uma piada, muito do seu feitio). O recém-chegado ao Céu exclama: "Quero povo bonitinho!". E se apresenta: "Eu sou o professor Ícar". Com o *suspense* dessa aparição, encerra-se o primeiro quadro.

Não é o professor Ícar quem permanece no Céu. Os habitantes da "pasmaceira" celeste, graças ao maníaco, que atravessou a estratosfera, estão de volta às confusões terrestres. O balão não seria concebido por um brasileiro se não tivesse uma "figa monstruosa" pendendo do teto... O Poeta-Soldado diz que não matou Ícar: desencarnou-o. Segundo ele, as Garças, "messalinas modernas", queriam pilhar um preto no céu, para estragar a raça. Etelvina afirma que Ícar era "chocolate ariano" e depois explica: "Ficou preto porque passou perto do sol. A três léguas! Era natural que amorenasse!". O Poeta-Soldado não transige, em negócio de raça, e por isso não simpatiza também com "esse Judeu", São Pedro, "cristão-novo". É preciso cuidar de Ícar, porque "nos momentos que sucedem à morte, o espírito custa a tomar conhecimento do seu estado e desenvolve os impulsos que o agitavam em vida...". Em miúdos, Ícar, morto, não percebeu, e há cinco dias conduz a noz sem acidente pela coalhada aérea, a via-láctea. Os tripulantes se assustam com um cometa a boroeste. Não era cometa, mas uma estrela. Qual? Greta Garbo! O Divo dorme, depois de ter tomado um porre do éter da estratosfera. O Poeta-Soldado, depois de admitir que, nos espaços interplanetários, estão sujeitos às leis da relatividade ("Podemos chegar à terra amanhã como anteontem"), proclama que se inaugurou "há dois dias na Alemanha de Hitler a campanha de morticínio contra os judeus...". A voz de Ícar anuncia a chegada do balão à Inglaterra e o Poeta-Soldado se lastima: "Que pena! Na Inglaterra nunca mataram Judeus! Só escondido". Enquanto o Poeta-Soldado diz que "é preciso fascizar o mundo", São Pedro ouve no rádio qualquer coisa que lhe parece grave na América do Sul. Se for revolução, o Poeta-Soldado volta para o Céu. Não é: apenas Ministrinho passa a bola e Friedenreich marca o primeiro *goal* para o São Paulo. São Pedro acalma-se: "Ora essa! É uma partida de futebol no Brasil. Podemos ficar tranqüilos. As massas iludidas ainda se divertem com isso" (muitos comunistas viram no futebol, como é praticado entre nós, uma força alienante...). O rádio (estação bolchevista) é sintonizado: "Terra firme. O objeto do trabalho humano. As provisões. Os meios de vida. Os celeiros capitalistas! E a fome das massas!". São Pedro reconhece, lá embaixo, o Derby de Epson. O Poeta-Soldado faz uma exortação: "Destruição, marcha atrás de mim! Eu te abrirei de par em par os caminhos da glória! Possuo o coração de Macbeth e a bolsa de Rockfeller!". O Divo termina o quadro: "Acabou o éter! Estamos na atmosfera! Garção! Um uísque!".

    O terceiro quadro – *Debout les rats (de pé os ratos)* – transcorre num local abandonado do Derby de Epson, e o palco liga-se à platéia. Os cavalos desse Derby incluem dois parceiros ilustres, que abrem o diálogo: o Cavalo de Tróia e o Cavalo Branco de Napoleão... O Cavalo de Tróia diz-se conservador: quando o abriram, depois da última guerra, ele tinha no bojo um cavalinho de Tróia – o tratado de Versalhes. Dentro dele, o chanceler Hitler... O Cavalo de Tróia define-se: "Sou o único cavalo da história! O meu verdadeiro nome é Tratado de Paz. Apareço sempre no fim das guerras". O Cavalo Branco de Napoleão reivindica para si o título de único cavalo da história: "O cavalo do comandante!". O Cavalo de Tróia pede-lhe um cartão e diz que a cor é o seu cartão. Replica-lhe o Cavalo de Tróia: "O senhor é uma anedota!" (aquela pergunta que se costuma fazer às crianças: de que cor é o cavalo branco de Napoleão?). O Tratador observa que "esses fantasmas reviraram tudo" e pergunta quem são eles. O Poeta-Soldado define-se: "Eu prego a purificação pelo sangue! (...) Eu sou o Espírito!". São Pedro está confortado: "Felizmente abandonei o céu estafermo e retrógrado. Vinte séculos de ascensor!" (no quadro do Céu, o cenário tinha ao fundo um elevador inutilizado...). O Vendedor de Jornais anuncia o *Times*, com uma "tragédia na estratosfera". Um fêmur caiu da estratosfera e a viúva Ícar o reconhece como sendo do esposo: "o malogrado inventor teria sido devorado pelos martibais!" (Veja-se como, à maneira do mistério medieval, concebido sob a perspectiva da eternidade, Oswald mistura os tempos e utiliza o anacronismo como um elemento de liberdade criadora, que congrega numa mesma imagem toda a civilização anterior ao socialismo). São Pedro trepa na palissada e vê os cavalos mitológicos, os cavalos da história e da fábula – o cavalo de Maomé, o burro de Sancho Pança etc. Ouve-se, depois, a Voz de Job: "Eu sou Job o pedagogo. Resolvi há três mil anos o problema do empregado que quer ficar sócio do patrão. Avacalhai-vos, eis o meu lema. Um dia talvez Deus tenha dó! Então ele vos dará o dobro do que tirou. A mais-valia por intermédio da Providência. E tereis de novo honras, mulheres e festins. A família vos abandonará quando estiverdes na miséria. Mas voltará, quando ficardes rico outra vez. Talvez traga alguns rebentos a mais. Não faz mal. O pai é sempre o marido. A legitimidade é feita pela herança. Deus quer assim!". Como a Voz de Job acrescenta que "qualquer revolta é insensata. O homem nasceu para a desgraça como o pássaro para voar!", São Pedro chama-o de "corno". A Voz do Poeta-Soldado continua a entoar loas em favor da guerra e a Voz do Divo se manifesta pela raça branca, pela classe rica, pela moral cretina, pelo rei cornudo, pelo altar vendido: "Heil! Duce!". Ícar está contente por ter deixado de ser preto e São Pedro por ser judeu batizado. A Voz do Poeta: "Somos a herança de Roma. A salvaguarda da Civilização! *Debout les rats*!". No campo deserto e imenso, passa uma mulher, que procura alguém. "É a mãe do soldado desconhecido!" E, depois de ouvir-se na distância a trompa heróica de *Lohengrin*, "uma walkíria, nua, mascarada contra gases asfixiantes, atravessa a platéia e o palco, montada sobre um cavalo de guerra, protegido também pela máscara". Ícar observa, fechando o quadro: "É a guerra química!". Esse o panorama triste da terra, dividida por guerras imperialistas, destinadas a oprimir sempre mais as massas. O cotejo de cavalos históricos e mitológicos e a referência a cavalos de guerra e de corrida e a "cavalo" (nome popular do cancro venéreo), que se fará no diálogo das crianças soviéticas, justificam o título da peça, *O homem e o cavalo*.

A Barca de São Pedro – o Vaticano sobre uma jangada – é o cenário do quarto quadro. No primeiro andar, há um *dancing*, gerido por Cleópatra. Entre altares e hermas falantes, dialogam Lord Capone e Mister Byron, com seus títulos invertidos, porque, em nosso mundo caduco, se confundem as funções do poeta conservador e do gângster, irmanados contra o advento do mundo socialista. Lord Capone está furioso com uma fita, de "propaganda terrorista", contra a guerra e "contra os coitados dos gângsteres". Mister Byron considera-se do clube de Capone: "Faço parte da frente única contra a URSS". Byron sente saudades da mãe, o que Capone atribui a um complexozinho de Édipo – "as classes nobres sofrem disso!". Capone vende cerveja, mas só bebe champanha, como seu amigo Ford, que fabrica automóveis dessa marca, mas só anda de Rolls Royce. Capone se insurge contra a imoralidade nos hotéis, que estraga a sociedade: "O homem que entrasse num hotel com uma mulher, tinha que entrar sempre com a mesma". O resultado é que "ele se cansava logo e ia beber de raiva nos bares". Byron confessa que, no Parlamento inglês, se dizia amigo dos operários por demagogia: "No fundo, sempre julguei a miséria uma necessidade social. Uma arma para acorrentar as classes pobres às ocupações duras e repugnantes. A tudo que a vida tem de desagradável e vil. Para que a nossa classe tenha dignidade, repouso e gramática" (os donos do poder, em Oswald, são sempre conscientes da exploração que fazem dos outros, nunca se mistificam). Capone confraterniza-se, então, com Byron: "Num outro continente e numa etapa mais avançada, eu sou a sua heróica imagem. O romantismo. O senhor comia lá e cagava rimas! Eu bebo cerveja e mijo gasolina...". Claro que simbolicamente: "Somos símbolos apoiados em metralhadoras" – como fala Capone. Byron sentencia: "Para o trabalhador revoltado há sempre um trocadilho final – a força ou a forca...". Afirma Capone que é melhor "a pressão pacífica e silenciosa da fome" e "o que perde a América é a estátua da Liberdade!". Capone, que detesta o romantismo policial, acha que a burguesia não o compreendeu. Byron identifica-se a ele: "Nem a mim. Classe desunida pela concorrência, acaba se estrepando!". Capone não se conforma que, tendo sido sempre um moralista, um inimigo do comunismo e da Rússia, a burguesia o põe na cadeia e reconhece os soviets. Prenderam-no, por traição da pequena burguesia: "Quando a gente não divide com os outros, eles se tornam moralistas. Foi o que se deu!". Byron observa que eles continuam na Barca de São Pedro e Capone concorda: "A sociedade sente que pode precisar de nós. Enquanto houver fornalhas nos porões para os trabalhadores e em cima, Cleópatra dirigindo um *dancing*, somos grandes tipos". Chega São Pedro, de almirante, e se diz materialista. Não acreditou em Deus nem quando andava com ele pela terra santa. São Pedro cumprimenta Capone: "Esta barca anda numa vasta decadência. Vocês dois ainda são espíritos superiores que salvam a fachada. Mas a ralé anda se infiltrando. Isto sempre foi uma coberta de luxo, destinada a turistas. Agora encontro aqui negros e galegos, instalados nas cadeiras de bordo. Uma anarquia!". O rádio deu o resultado de uma subscrição em favor da família de Ícar e ele exclama: "Não há justiça nem na terra nem no céu! Só há paisagem". Esse é o pretexto para Capone afirmar que existe justiça de classe, explicando a forma sábia que se deu à sua prisão: "Não fui preso por nenhum assassinato, por nenhum rapto. Isso só me rendeu consideração universal. Fui condenado por um crime contra o regime capitalista – porque soneguei o imposto sobre a renda!". E não quis corromper os funcionários, "só de birra!".

Novo frege. O Mestre da Barca abandona o posto e insulta os passageiros. Chama Cleópatra de "franga lá de cima" e, quando lhe pedem respeito, ele replica: "Respeito sim, para os que trabalham.

Vocês nos dividiram em autômatos. Presos à máquina, dependendo dela. Chicoteados pela fome! Reduziram-nos a homens fragmentários, isolados da criação e da vida!". Se chamarem a polícia, o Mestre da Barca saberá revoltá-los: "Que são os soldados senão explorados como nós!" (Oswald volta aqui a um tema de *O rei da vela*, a ilusória solidariedade de todos os explorados do mundo. Os soldados, com baixos salários, engrossariam finalmente as fileiras da Revolução no mundo capitalista, como ocorreu na Revolução de 1917). Capone sugere a formação de uma milícia de filhos de rico, semelhante à milícia rural fascista advogada por Perdigoto também em *O rei da vela*. O Mestre da Barca fala mais: "Súcia de ladrões. O vosso dia chegará e bem próximo! A vossa hora virá! Há vinte anos que trabalho 14 horas por dia sem almoçar. Para vocês terem vícios e doenças mentais (o ônus da burguesia, segundo Oswald). Largo hoje esta bosta! Estamos à vista dos estaleiros. Vou levantar os meus irmãos. Somos mártires e queremos liberdade!". São Pedro chama-o traidor, por tê-los conduzido para "os estaleiros da desordem". Para o Mestre da Barca, o traidor é São Pedro: "Pescador miserável da Galiléia que se tornou chaveiro da prisão religiosa das massas" (alusão ao fato de se ter tornado São Pedro o fundador da Igreja, transformada em prisão do povo, segundo o ponto de vista marxista). Apesar dos gritos dos passageiros, a Barca aproxima-se do cais, de onde vêm gritos e vozes subversivas.

A Barca chegou aos estaleiros, em cujo fundo estão os arranha-céus iluminados da cidade industrial. Esse quinto quadro chama-se *S.O.S.* e começa, como o anterior, por um diálogo de Lord Capone e Mister Byron. Enquanto os dois pedem socorro, uma Voz, de um anúncio do cais, se dirige aos camaradas: "A burguesia subestima a nossa capacidade de viver. Somos uma classe que nasceu sob o chicote dos horários capitalistas. Sabemos trabalhar. Saberemos comer!". Outra voz diz para abordarem "a barca podre de São Pedro que submerge e faz água! Desmantelai a velha sociedade". Começa o cotejo entre "o poder proletário", que recebe vivas, e "a ordem burguesa", para a qual se diz "abaixo". São Pedro clama por João Sobiéski, "uma muralha contra a barbárie" (nascido em 1629 e morto em 1696, João Sobiéski foi rei da Polônia,

O homem e o cavalo

considerado um dos heróis do século XVII. Seu mais belo título de guerra prende-se à bravura com que deteve, sob os muros de Viena, embora com um exército fraco, a invasão de 300 mil turcos e tártaros, o que por certo motivou a referência de Oswald). O Soldado Vermelho de John Reed (o ensaísta norte-americano que escreveu *Os dez dias que abalaram o mundo* e está enterrado em Moscou, ao lado dos heróis comunistas) faz um discurso no cais: "Eu não quero saber de filosofia nem de arte. O que eu sei é que há duas classes – opressores e oprimidos! Burgueses e proletários!". São Pedro dirige-se às massas, do seu alto-falante: "Vocês não estão preparados para tomar o poder. Pleitearei novas reformas sociais!". As Vozes do cais respondem: "Tapeação! Conhecemos o jogo desesperado da burguesia!". O Soldado-Vermelho tem uma observação sintética, muito ao gosto de Oswald: "Para comer e trepar todos os homens estão preparados!" (uma das características do paternalismo burguês, segundo os revolucionários, seria exatamente julgar infantil o proletariado, para dar-lhe confeitos e não alimentos verdadeiros). Do fundo da platéia bombardeiam e São Pedro acredita que ainda estejam senhores da situação: "Porque ainda possuímos a magia de um *dancing*. Cleópatra não abandonou o seu posto no primeiro andar. Coragem! Saulo, inspira-me! Sem mistério não se arranja nada! Sem magia! Sem tapeação! Saulo que falta me fazes! Tu que entendias de gnose e de guerra!" (Saulo, o São Paulo dos Evangelhos). Apela-se para uma ladainha, mas o deslisador, que vem, traz uma bandeira vermelha. São Pedro solta um palavrão em espanhol e conclui que foi traído pela aviação naval. Até Alan Kardec, teórico do espiritismo, é chamado, na ânsia de socorro. Byron adere, dizendo-se socialista. Ícar também se declara proletário: "Fui assassinado por um fascista". São Pedro reanima-se: "Somos a herança de Roma! O Vaticano sucessor do Império! É preciso salvar a civilização mesmo que a humanidade pereça" (frase lapidar de Oswald, para exprimir o absurdo de certos apelos para que se salve a civilização...). Byron torna mais claro esse grito louco: "Viva a civilização e morra a humanidade!". Um tumulto enorme invade a Barca – diz a rubrica. E Cleópatra, depois de parado o *dancing*, aparece cercada de marujos ferozes e de povo. Como na imagem clássica do Egito, ela tem uma cobra enleada no corpo. Byron saúda-a como a Rainha Vitória e canta, com Capone, *God save the gracious queen*. O Mestre da Barca, transformado no Tigre do Mar Negro, fala aos marinheiros: "É preciso atiçar as faíscas da luta de classes! É preciso fazer sair da indignação popular um imenso incêndio! (imagem que voltará em *A morta*). É preciso levantar os trabalhadores contra a infâmia e a desgraça do mundo capitalista. O imperialismo procura resolver as suas contradições pelo fogo e pelo ferro! Trabalhadores do mundo, soldados e marinheiros! Levantai-vos e lutai contra a guerra! Guerra à guerra imperialista! Refleti sobre as privações, a miséria, as crianças esfaimadas, as montanhas de cadáveres, os mutilados e os órfãos que a guerra exige! Levai às amplas massas o vosso grito de rebelião!". O Soldado Vermelho concita o proletariado à resistência contra o terror branco e à união. O Mestre exorta os marinheiros e soldados a atirar contra os seus oficiais. O povo começa a entoar a Internacional e São Pedro pensa no refúgio das águas. Cleópatra fez-se picar pela cobra e diz que esse é o seu salva-vidas. São Pedro grita por socorro e por uma injeção antiofídica, enquanto o tumulto cresce e os marinheiros avançam para ele. "A Internacional toma conta da Barca e do Mundo" – é a última frase da rubrica, encerrando o quadro. Oswald encontra um equivalente grotesco para a morte heróica e poética de Cleópatra, rainha do Egito, diante da dominação romana. O *dancing* reduz a sua categoria para uma válvula do mundo burguês e o pedido de uma injeção antiofídica, feito por São Pedro, cobre de ridículo o seu suicídio. Enquanto Oswald engrandece a revolta proletária, com frases épicas, embora extraídas do lugar-comum da Revolução Comunista, os espécimes do velho mundo capitalista são tornados impotentes. Lord Capone se lembra das suas metralhadoras de Chicago, mas morre de raiva, porque só pode cuspir.

    Liquidados os remanescentes do mundo burguês, o sexto quadro mostra *A industrialização*. A cena, como indica a rubrica, representa a entrada monumental da maior usina do mundo socialista. Pedro, Ícar e Mme. Ícar (esta com um fêmur pendurado no pescoço) estão sentados no meio do palco. Uma sanfona, instrumento caipira e nostálgico, substitui o antigo alto-falante de São Pedro, que define o mundo socialista como um mundo do presente. Não há o futuro e suas ameaças, nem o inferno e o céu. O homem não depende de uma idéia utópica nem corre o risco da miséria. Bela abstração também utópica de um presente perfeito! Esse presente se consubstancia na Voz de Stálin, que proclama os chavões da nova sociedade: "O socialismo é o poder dos sovietes mais a eletrificação. Eis o testamento de Lenin. Novas cidades saíram dos desertos, das estepes, das planícies. Do século da madeira passamos ao século do motor e do aço. A economia agrícola repousa agora sobre a base técnica da grande produção moderna". Mme. Ícar, São Pedro e Ícar, espectros do mundo antigo, contrapõem a esses chavões os de suas crenças. Pergunta São Pedro: "O que nasceu da mulher pode por acaso ser puro e perfeito?". Oswald idealiza o mundo socialista de forma primária. Turmas alegres de operários penetram na usina, enquanto turmas felizes saem para o descanso. A Voz de Stálin continua a fazer literatura de mau gosto: "Passam do cavalo camponês ao cavalo da indústria construtora de máquinas, eis o plano central do poder soviético. Escutai a metáfora leninista. Passar de uma alimária a outra". A supressão do futuro não proíbe o sonho. Ainda a Voz de Stálin afirma que é preciso sonhar: "Quem vos falava assim era o camarada Lenin. Ele ensinou que o vosso sonho deve sobrepujar o curso natural dos acontecimentos. (...) Quando há contato entre o sonho e vida tudo vai bem". Essa profissão de fé é contraponteada pela prisão de São Pedro, Ícar e Mme. Ícar ao passado. São Pedro reconhece: "Somos o fim de um mundo", e a Voz de Stálin continua a desfilar as maravilhas da terra socialista, onde não havia indústria siderúrgica, indústria mecânica, indústria de tratores, indústria de automóveis, indústria química e máquinas agrícolas, e agora há. Não é ironia a exclamação final de Stálin, na qual Oswald, em 1934, acreditava piamente: "Não tínhamos liberdade, agora temos!". A nova voz que o alto-falante transmite é a do cineasta Eisenstein. Ele também louva o regime, sem suspeitar que mais tarde seria censurado por Stálin: "O esterco fertilizante, os rebanhos, as máquinas agrícolas, tudo escriturado aumentando as estatísticas. Nem o incêndio da revolta nem a grande luta revolucionária. Mas, depois da luta e da vitória, a vida quotidiana dos que trabalham e constroem um mundo melhor. (...) Fazemos a Industrialização". São Pedro comenta que "é um mundo que começa" e Ícar completa: "É Deus que acaba!". São Pedro, na sanfona, diz para rezarem pela Santa Mãe Rússia, com a *Ave Maria* de Schubert, mas "as sereias da Usina abafam o solfejo inútil do passado".

Dentro do propósito de exaltação do mundo socialista, o sétimo quadro denomina-se *A verdade na boca das crianças* e o cenário é o *hall* de uma creche com brinquedos atuais. É quase inacreditável como um humorista como Oswald, que tinha um faro especial para o ridículo, se deixou levar, por paixão política, a tamanho absurdo de pôr crianças dialogando como adultos enfadonhos e bobos. Uma das três crianças soviéticas refere-se ao hipismo do velho mundo: "Os donos dos cavalos eram imbecis enfatuados. Reuniam-se em clubes torpes para jogar o dinheiro roubado aos operários" (era sem dúvida Oswald criticando a plutocracia paulista, que ele agora desprezava). Seu fim foi melancólico: "Foram fuzilados com os outros exploradores do povo. Depois de fazê-lo suar a semana inteira, induziam-no a colocar também os seus salários no jogo das corridas...". Como a segunda criança não sabe o que são proprietários, a primeira explica: "Foram os homens que se apossaram da terra pela força, pelo ludíbrio ou pela herança, para fazer os despojados trabalharem para eles!". Os burgueses "lutaram séculos para que esse regime continuasse" e, "quando as crises apertavam, promoviam guerras patrióticas a fim de massacrar o povo". Tudo isso era feito sob a égide da Igreja, que a terceira criança condena assim: "Não vê que, para manter a exploração das massas que trabalhavam, os exploradores, de acordo com piratas que se chamavam sacerdotes, inventavam que havia um ser supremo e terrível que enchia a pança dos ricos na terra e para os pobres reservava o céu...". A primeira criança afirma que "a teoria de Marx penetrou nas massas e se tornou força social". A terceira criança diz que, no pavoroso mundo antigo, a mulher era escrava e "a justiça de classe sempre estava à disposição dos ricos e dos maridos corneados...". A primeira criança fala que a monogamia "se apoiava nas duas muletas do regime – a prostituição e o adultério...". A terceira criança refere-se ao "nosso Engels" e, mais adiante, define o mundo capitalista como "o mundo do cavalo de guerra, do cavalo de corrida, do cavalo camponês e do "cavalo-doença!" (o que simboliza, no título da peça, a sociedade burguesa condenada). Já essas crianças nasceram no mundo do cavalo-vapor. Segundo a terceira criança, "os trabalhadores conquistaram o poder palmo a palmo, país por país. A maior parte dos que iniciaram a luta não chegaram ao fim dela. Mas deixaram um mundo novo para nós e para os seus filhos!". Para que se coteje essa verdade das crianças com a mentira do mundo velho, Oswald vale-se de um artifício. O Médico leva até elas Mme. Ícar, Pedro e Ícar, para ver se são seus filhos desaparecidos. Mme. Ícar pergunta se as crianças não se lembram que tinham uma família e a primeira responde: "Nossa família é a sociedade socialista". A terceira criança lembra-se de que seus pais brigavam todos os dias, se detestavam e se traíam – retrato do matrimônio burguês. Ela mesma era filha de um amigo da casa, mas o pai, ou antes, o marido da mãe "não fazia escândalo por causa da posição social que ocupava...". A primeira criança era filha do patrão com a criada da casa, a mesma casa da terceira... A terceira criança mostra o absurdo da situação: estava destinada a receber herança do pai da outra, e essa outra a trabalhar para ela a vida inteira, por ter a suposta condição de "filha legítima": "No entanto ela é que era a filha dele!". A uma observação de Mme. Ícar, a terceira criança informa: "Na escola soviética mostraram-me qual é o papel de todas as religiões. Narcótico do povo para fazê-lo esquecer a própria miséria. Para ensiná-lo a não se revoltar contra os seus exploradores iludindo-o com a vida futura que não existe" (ainda uma vez, a célebre fórmula a respeito da religião...). Essa criança sabe o que são os recalques catalogados pelo professor Freud... A primeira criança admite que Mme. Ícar "talvez seja um fantasma honesto. Nós é que não poderemos segui-la porque não temos nenhuma vontade de nos divertir com almas d'outro mundo!". A terceira criança faz uma confissão aterradora: "Matamos a inquietação e o mistério e somos felizes!" (por mais que se procure entender o que pretendeu sugerir Oswald com essa fala, ela adquire uma ressonância terrível, pela morte da inquietação, a qual todos os mestres do mundo moderno apresentam como um componente insubstituível da nossa personalidade). Mme. Ícar é considerada nesse diálogo viúva de guerra e, como ela espera receber dinheiro, São Pedro e Ícar se identificam ambos como o marido morto. São Pedro declara-se vindo "de um país longínquo e passadista" e com vontade de conhecer o que acontece no mundo soviético. O Médico acha que "o caro barão desconhece completamente a história humana", como "um professor de Direito de 1933" (Oswald dá vazão, aí, à sua antipatia pela Escola de Direito, alvo mais de uma vez de ataque em *Um homem sem profissão*). O Médico passa então a desfiar as grandezas ("não foi milagre") da sociedade socialista: "Nada é misterioso na aplicação prática de ciência social. Não temos mais as desigualdades e as infâmias produzidas pela herança burguesa. Eliminamos com isso 90% das tragédias sociais. Não temos mais adultério. Não temos prostituição. Eliminamos as nevroses, os assassinatos, as depravações que eram apanágio da burguesia. A sífilis desapareceu, a loucura se extinguiu. Fechamos as cadeias". E seguem-se estatísticas, solicitadas aliás por São Pedro. O Médico diz que "a construção do socialismo apresenta um considerável melhoramento moral, educacional e sobretudo material das massas operárias e kolkosianas. A mortalidade baixou a um terço da cifra antiga. (...) Temos 85 mil médicos servindo o povo. Antigamente havia só 19 mil a soldo das classes ricas". Continua o desfile das melhorias soviéticas, transmitidas como num boletim de propaganda oficial. O quadro é fechado, como começou, com falas das crianças, e não se pode deixar de chamá-las "monstruosas". A primeira criança diz: "Somos os filhos conscientes de um mundo novo". E a terceira, referindo-se aos visitantes inoportunos: "Não podemos gostar de fantasmas".

O oitavo quadro – *O Tribunal* – é o mais importante e audacioso de *O homem e o cavalo*, porque faz o julgamento direto de Cristo e de outras figuras bíblicas, pelo mundo socialista. A sala do ex-prêmio Nobel transforma-se em Tribunal Revolucionário. Ao fundo do palco, uma grande porta abre "sobre a paisagem clássica do Gólgota, com duas cruzes somente". Verônica é a primeira personagem saída dos Evangelhos para dialogar, nesse quadro, com Mme. Ícar, São Pedro e Ícar. Ela está secando algumas fotografias de grande formato. Vêem-se ao fundo soldados romanos, mulheres, apóstolos, escravos – a multidão, como explica a rubrica, que esteve na casa de Pilatos. São Pedro lembra-se de Verônica. Ela lhe aviva a memória: "Foi naquele frege do Calvário há vinte séculos". Oswald, agora, vai longe demais no proselitismo político e no ardor blasfemo. A fotografia que Verônica tem nas mãos é de Adolf Hitler crucificado na suástica, numa evidente identificação com a imagem de Cristo. A aproximação, entretanto, não se faz pela simbologia do martírio, mas da opressão que, na exegese marxista, ambos significaram para as massas. Segundo Verônica, o chanceler Cristo é "a última encarnação do anti-semitismo". Verônica depois se refere a ele como "o último Deus ariano". Ela se encontra ali, como esclarece, em funções administrativas, para preparar a carteira de identidade dos acusados que enfrentarão o Tribunal Vermelho. Madalena acha que Verônica matou a arte na Judéia e ela se sente "apenas a precursora da indústria do retrato". Enquanto Verônica se diz evoluída, "a serviço do cinema de Estado", Madalena continua "a ser a arte pela arte". Para Madalena, tudo foi fita na história final de Cristo, inclusive seu estado de prostituta analfabeta. Ela, na verdade, explorava a poesia, ao lado do Rabi, como arma nacionalista. Verônica acha inútil ela "querer dar um cheirinho político ao seu caso com o Cristo". Cristo virou a cabeça de Madalena ao vê-lo chegado recentemente do Egito, médico formado no curso de magia... Era preciso, como pensava também o Barão, ganhá-lo para a sua causa. O Barão, num trocadilho de pouco gosto, é Bar-á-bás. A conspiração tinha como sede uma Academia Secreta de pintura, denominada *O pecado pelo pecado*: "Queríamos encobrir num movimento de arte a nova revolução contra Roma" – explica Madalena. Verônica julga Madalena corajosa – era modelo nu. Madalena fala que, com isso, trazia para a causa os homens rudes do interior, curiosos de sua nudez. Naquele tempo, quando, entre os judeus, só se permitia o cubismo e a arte sem assunto, Madalena posava nua, embora reconheça que os artistas pintavam tudo menos o seu corpo. Hoje ela é cubista – o que é mais avançado do que ser figurativo.

Não há dúvida de que o diálogo tem, aqui e ali, achados cômicos de efeito. Quando Madalena responde ao Soldado Vermelho que está ali para depor na revisão do processo de Cristo, Verônica diz que ela "vai bancar a Frinéia para ver se salva o amante secular". Madalena não concorda: "Sou nudista por higiene". Vozes confusas, dizendo inclusive frases obscenas, antecipam a entrada de Mme. Jesus (criada por Oswald) e de Cristo, que vem vestido com camisa evangélico-fascista e um capacete de espinhos. Mme. Jesus não tem papas na língua: quer mostrar ao marido "como tiengo cohones delante de las guardias rojas!". O Tigre do Mar Negro justifica o julgamento. Não há tempo a perder, porque "a construção socialista exige todas as atenções. Mas, como este tipo popular ainda preocupa as massas em atraso, vamos liquidá-lo". Mme. Jesus apresenta-se como Teressa. De quê? – "De Jesus, todavia!" – acrescenta ela. Não Terezinha, que é "mi hija con el Espirito-Santo". Profissão? – "Capanga de mi esposso! – Para defenderlo contra los comunistas." E, num recurso antiilusionista, fala à platéia que, se estiver ali algum comunista, que se apresente. O Soldado Vermelho esclarece que ali não há campeonato de boxe e um espectador, da platéia, dá vivas a Mme. Jesus e seu amante. "O senhor é Deus?" – pergunta o Tigre a Cristo. – "Dizem" – é a resposta. A acusação contra Cristo é a de ser um elemento insuflador em todas as guerras. Em todos os hinos e besteiras nacionais, o senhor aparece". E o Tigre exemplifica: "Got Mit Uns!", em alemão; "Dieu garde la France", em francês; e "God save the King", em inglês. Para o Tigre, Cristo virou até agente da II Internacional... Pedro nega conhecer Cristo, que o chama de "safado". Pedro quebra então a sua mudez milenar. Negou Cristo conscientemente: "Ele é que era um traidor!". Cristo lembra-lhe que trabalhavam juntos na Internacional das Catacumbas e Pedro acusa-o de ter entregue esse movimento à reação no século III. São Pedro dá uma explicação deliciosa: "Quem foi Constantino? Era você proclamado imperador! E que fez Constantino? Inventou o célebre derivativo dos fascismos históricos – Façamos a revolução antes que o povo a faça!". Pedro dá uma explicação sobre a volta do latifúndio, que Cristo julga imbuída de materialismo histórico. Não foi um anjo que o libertou do cárcere de Jerusalém, como afirma Cristo: foi "o capitalista Arimatéia, que mandou embebedar os guardas e abriu o xadrez". Cristo explica que sempre falou por parábolas, para não ser preso, e o Tigre faz o libelo contra Cristo: "A comissão de textos evangélicos, examinando o seu caso, chegou às seguintes conclusões: as suas parábolas foram todas reacionárias. A consagração da injustiça e do arbítrio. Do salário iníquo. A incitação à usura e aos juros altos. Por exemplo: o servo que ganhou cem por cento, premiado... Lições contra o divórcio e a favor do adultério. O plano qüinqüenal da sabujice e da mentira. O senhor foi um espermatozóide feroz da burguesia e mais nada. Ela tinha razões de sobra para endeusá-lo. As suas declarações foram aliás positivas. Não veio revogar a lei, mas cumpri-la. O Sermão da Montanha era uma provocação clara. Preparava o Imperialismo Romano. Não pode negar as suas ligações secretas com Pilatos. O provocador Judas e o famoso centurião convertido eram as pontes. Estavam todos interessados no monopólio do azeite". O Tigre acusa Cristo ainda de ressuscitar herdeiros ricos e um Romancista Inglês, da platéia, fala em "ressurreição anticientífica. O contrário da eutanásia".

    O quadro enovela-se com a aparição de Fu-man-chu, que "brota do solo num espaço da platéia". Ele se define como a "graciosa Morte", "a luta individual contra o Imperialismo Inglês. O Terror da Scotland Yard. Sou o último mosqueteiro". Queria regenerar o mundo pacificamente, mas o Imperialismo o "transformou numa fera cautelosa". Bastou Fu-man-chu considerar-se o último mosqueteiro para Dartagnan, saído das páginas do romantismo de Alexandre Dumas, em *Os três mosqueteiros*, vir atacá-lo, por ser "a capacidade de servir". Esse mosqueteiro legítimo também é consciente do seu papel histórico: "Dou o meu sangue por uma sociedade de Buckingans e cornudos! Sou hoje um fenômeno de massa! Hitler! Mussolini! Gustavo Garapa!" (talvez Gustavo Capanema, que foi ministro da Educação durante todo o Governo Getúlio Vargas). O Soldado Vermelho expulsa-os, como "canalha do passado". Como o Romancista Inglês dá palpites, o Soldado

Vermelho interpela-o e, com o consentimento deste, procura elucidar perante o tribunal as origens humanas do Rabi: "Esse homem introduziu o sobrenatural na procriação! Mas eu descobri o negócio todo!". E Oswald atribui ao Romancista Inglês a invenção de uma história sobre a origem de Cristo: "Filho de Herodes e Salomé! A virgem Maria era Salomé regenerada. Deixou o palco para se casar com o marceneiro José e evitar os continuados escândalos da corte!". Vozes concordam que Cristo era filho natural de Herodes e o Romancista Inglês continua: "Por isso é que os pastores e os magos vieram adorá-lo. Se ele fosse filho de outro, Herodes não mandaria proceder à matança dos inocentes, para exterminá-lo". O Soldado Vermelho esclarece que Herodes temia uma revolução que pusesse Cristo, herdeiro ilegítimo, no trono. E, diante dessas "explicações", um Pequeno Burguês, da platéia, se converte, penalizado com o renovado martírio.

Cristo diz ter sido sempre pela colaboração de classes e São Pedro contesta sua política, tachando-a de farsa: "Estava tudo mais que combinado e ensaiado por Judas com o lugar-tentente de Roma, Pôncio Pilatos. Ele fez tudo para te pôr na rua e sacrificar o chefe nacionalista Bar-á-bás. Mas o povo não foi na onda!". São Pedro tenta, então, desmascarar o sentido bíblico da Ceia: "Na ceia, Judas foi admirável quando, de combinação contigo, se inculcou como o teu futuro denunciante. Foi de um enorme efeito diante dos apóstolos! Os apóstolos representavam a massa que queria a revolução. Tu despistaste, porque estavas a serviço de Pilatos, que depois não te pôde dar mais a liberdade. Supondo fracassado o plano de entregar o país a Roma, Judas suicidou-se. Foi mais digno do que tu, como disse o nobre poeta português Guerra Junqueiro!". O Romancista Inglês acrescenta que Cristo não morreu na cruz. Contrariamente às normas, Pôncio Pilatos permitiu que "o *businessman* Arimatéia o retirasse da cruz sem a prova das pernas quebradas. Ele não estava morto!". Com um palavrão, São Pedro concorda. Assim, Cristo não poderia mesmo ser encontrado no sepulcro. "Estava no médico!" – conclui São Pedro. A lição de Cristo – "se alguém te esbofetear numa face, oferece a outra" – é transformada por São Pedro em linguagem política: "Se o Romano te tomou a Judéia, entrega-lhe a Galiléia!". O Tigre observa que "está provado que Cristo preparava o advento do Imperialismo Romano de conquista, em Israel convulsionada pelos distúrbios nacionais. (...) Foi um agente dissimulado de Roma!". Vozes, lá fora, dão vivas ao PRP (o Partido Republicano Paulista, dos grandes fazendeiros de São Paulo) e Bar-á-bás entra, de casaca, típico capitalista internacional definindo-se: "Sou o Barão Bar-á-bás de Rotschild. Represento as aspirações sionistas de meu povo!". São Pedro considera-o "o chefe nacionalista que o povo preferiu a Jesus" e Bar-á-bás interpreta o entusiasmo do povo como justo, porque ele soube manter alto o espírito semita. A falta da cruz de Cristo serve de pretexto para mais uma réplica humorística do Tigre: "O Papa a vendeu aos pedacinhos. Não temos culpa disso" (alusão à venda da relíquia aos fiéis, consentida pelo Vaticano). Pedro quer que a crucifixão, agora, seja de cabeça para baixo, e Cristo se espanta: "Pedro, quem diria? Tu, pedra da minha Igreja!". O Tigre diz que "a humanidade viveu vinte séculos desse trocadilho" e, por último, dá a palavra à Camarada Verdade, uma Alegoria semelhante às que povoam o teatro religioso da Idade Média. Depois de apresentar-se como "a defesa da espécie", a Camarada Verdade identifica-se, na antiguidade, como a geografia de Ptolomeu e a geometria de Euclides e, atravessando a História, na qual se confundiu sempre com o progresso, termina o quadro: "Preparei o advento da Máquina. Flama do socialismo utópico, fui a base do socialismo científico. Morei na cabeça genial de Hegel e na de Fuerbach. Hoje sou a física de Einstein e a ciência social de CARLOS MARX!".

Seria injusto e inútil não ver graça na maioria dessas tiradas humorísticas e na exegese "marxista" do papel histórico desempenhado por Cristo. Esse reconhecimento, contudo, marca os limites da empresa tentada por Oswald. Trata-se de uma brincadeira, que nem de longe pode ofuscar a grandeza do drama bíblico. Não julgo o problema com os argumentos da confissão religiosa: parto de uma tese, que me parece válida também para os mitos gregos e quaisquer outros. As histórias que permanecem trazem consigo uma carga exemplar, feita da confluência de muitos fatores a elas contemporâneos. Alterar qualquer dos elementos que as compõem, em função de ideologias posteriores, representa no máximo uma curiosidade, que não arranha o símbolo original que atravessou os séculos. Quantos Prometeus, Electras, Édipos, Antígones, Medéias e Fedras se escreveram, os modelos dos trágicos gregos continuam insuperáveis, porque correspondem a uma verdade de sua civilização que não é idêntica à de tempos posteriores. A Idade Média e o Renascimento estão na base de novos mitos, como Hamlet, Don Juan, Don Quixote e Fausto, que não poderiam ter equivalências no mundo greco-latino (só Hamlet, por ser o vingador do pai assassinado pela mãe, tem certa aproximação com Orestes). Cabe aos escritores atuais encontrar as expressões paradigmáticas do nosso tempo, e não há dúvida de que Oswald criou uma, relativa sobretudo ao Brasil e aos outros países subdesenvolvidos, na figura do Rei da Vela. O confronto da civilização burguesa com a sociedade socialista é outra idéia admirável, que sintetiza um dos problemas fundamentais do mundo contemporâneo. Esse recheio de um julgamento anedótico do cristianismo é que, embora espirituoso, o torna menor em face do significado histórico da presença de Cristo.

O nono e último quadro – *O estratoporto* – passa-se numa sala de espera da Gare Interplanetária na Terra Socialista. Num banco, isolados ainda uma vez, enquanto passageiros chegam e saem, os três remanescentes do mundo antigo – Ícar, São Pedro e Mme. Ícar. São Pedro comenta que foi inútil sua demagogia, desenvolvida na revisão do processo. Não acabou, como esperava, comissário do povo para a Marinha. Por causa da decrepitude, São Pedro não recebeu o castigo de ser mandado para a Judéia ou para o Volga, mas é, como os dois companheiros, "um viandante perdido nas estradas do novo planeta". Para guiá-los, foi restituído o cachorrinho Swendemborg, "este traste do céu". Ícar fala na liquidação da burguesia na terra: "O rádio anunciou o suicídio de Hitler (estranha premonição de Oswald, anos antes do começo da segunda Grande Guerra) e o empalamento de Chan-Kai-Chek..." (cada vez mais acuado). Já Mussolini, segundo São Pedro, "fugiu para a Lua com o rei!". Como seria perigoso ficar num subúrbio da terra, há a hipótese de que ele talvez esteja escondido em Marte, onde o Partido Comunista já é forte... Mme. Ícar continua perplexa e bígama: ficou mais confusa depois da análise do fêmur, que seria de um fóssil... Surge, então, uma turista. Não é uma fidalga de Marte, mas a baronesa do Monte de Vênus (nome de duplo sentido, que se refere tanto ao planeta como à anatomia feminina). Pedem-lhe esmola, alegando miséria. Nem tomam banho: "Agora é o proletariado que se lava" – diz Mme. Ícar. A baronesa joga-lhes uma moeda e se despede, com medo de que desconfiem dessa intimidade. Ouve-se a Voz de um Empregado da Gare, anunciando a partida da aeronave para Marte e o Sul. "Não pára na Lua! Recebe passageiros em correspondência para Júpiter, Vênus, Urano!" É curioso como Oswald associava o progresso do mundo socialista à conquista espacial, que de fato se tornou um dos títulos de glória da União Soviética, suplantado apenas quando um homem norte-americano desceu na Lua. O dólar presenteado é de Marte e a solução é trocá-lo no câmbio negro. O Vendedor não se conformou com o novo regime e paga caro o seu protesto. Trocará o dólar por dois mil réis (moeda brasileira), quando vale vinte. Alega o Vendedor que eles são os últimos burgueses da terra: "Entre nós tem que ser assim. A liberdade de comércio e de lucro! Eu arrisco o meu capital...". Um agente da Guepeou (polícia soviética) prende o Vendedor. Uma descarga foi para o seu companheiro de balcão. Reincidente, agora é a sua vez. Oswald esperava, na década de 30, que o regime soviético acabasse logo com o câmbio negro e sabe-se que ele continuou no país.

Um burrinho fugiu. O Carregador chama-o de Burro capitalista. Estava destinado à "Cristian Science" em Marte... É o burrinho de Cristo, segundo identifica São Pedro. E fugiu agora porque não é burro, é cavalo... (nova presença do animal, que justifica o título da peça). Até esse cavalo reacionário tinha por objetivo, na palavra de São Pedro, "promover na terra socialista a reação e a desordem". São Pedro não está ficando bolchevista, como denuncia Ícar: "Não – explica ele. – É o contágio da verdade. Sou um inutilizado para os esforços da socialização, mas conheço a história do mundo! Fui Moisés no Egito, Pedro em Roma... Fui a lei antiga! Hoje sou Moisés e Pedro no século de Lenin!". São Pedro tira a conclusão mais terrível, associando o mundo socialista aos Evangelhos: "Eles são a lei nova. Cumpriram o Apocalipse. Fizeram o juízo final na terra!". Ícar se queixa de que roubaram a sua invenção: "Fui o primeiro homem que passou o oceano estratosférico". O Empregado da Gare não concorda que ele se queixe: "De que te queixas? De teres produzido um benefício para a humanidade? Restituíste apenas o que ela te deu. Velho idealista, acreditas ainda que as invenções são obras de um só homem. Não vês como delas a humanidade se apropria serenamente". O Empregado da Gare anuncia a chegada do Ícaro 3.007: "Vem nele uma caravana de turistas de Marte para visitar a terra socialista, o Planeta Vermelho, como dizem eles. Vais ver que fama magnífica nos arranjou a tua invenção". De fato, surge um pelotão de *boyscouts* idosos, com bigodeiras, cuecas de couro, cabos de vassoura e aparelhamento completo de campanha. Os marcianos são guiados por um apito que o chefe soa todo o tempo. Não vieram mulheres. São Pedro diz que "de medo que sejam socializadas". Passam os marcianos e São Pedro, Mme. Ícar e Ícar têm a cena final da peça. São Pedro afirma que os três são o passado. Mme. Ícar pede que ele toque alguma coisa e São Pedro responde: "Tocarei os nossos funerais... Os funerais de um mundo". São Pedro executa, na sanfona, a marcha fúnebre de *Siegfried*, de Wagner. Ícar, dizendo-se herói de Wagner e Júlio Verne, fala que seu ideal é um passe para Marte. A Voz do Empregado anuncia a partida da próxima estratonave – o Ícaro 3.008. Seu destino: Marte, Júpiter, Saturno, o Sol. Ícar, observando que só há um túmulo digno de si, a estratosfera, atira-se e "desaparece esperneando numa corda que pende do Ícaro em ascensão". Mme. Ícar soluça, desamparada: "Viúva de novo. Que irei fazer!". São Pedro abrirá com ela uma venda, porque o pequeno comércio é permitido. Diante dos latidos do cachorrinho, São Pedro encerra *O homem e o cavalo*: "Swendemborg! Fomos julgados!".

É significativo que São Pedro tome consciência progressiva dos valores do mundo socialista e dos erros da antiga sociedade burguesa. Para o público, esse processo deve assumir um papel didático expressivo. E me pergunto por que São Pedro e o professor Ícar são as únicas personagens que atravessam toda a peça, desde o primeiro quadro, e se associa a eles, no sexto, Mme. Ícar, que também permanece até o final. São Pedro é o guardião do Céu, onde se passa o primeiro quadro, e lá surge, descendo do balão, o professor Ícar. É no interior do Ícaro I, símbolo da primeira tentativa de vôo, a volta à terra, vista primeiro através de um símbolo capitalista, o Derby de Epson, e mais tarde através da entrada monumental da maior usina do mundo socialista, símbolo igualmente claro. Embora o texto não insista na nova situação de Mme. Ícar, ao lado de Ícar (que ela não reconhece como o marido) e de São Pedro, o Médico socialista refere-se a ela como "uma bigamazinha tipo capitalista". São Pedro, remanescente religioso, e Ícar, um inventor individualista, representam o mundo antigo, com uma conotação de adultério, típica da sociedade burguesa. É essa sociedade, afinal, que teve no cristianismo o seu valor ético, o alvo do julgamento de *O homem e o cavalo*.

Ao prefaciar *O rei da vela*, eu havia observado que *O homem e o cavalo* se aproxima, em muitos pontos, de *O mistério bufo*, de Maiakóvski. Em seu livro *Maiakóvski* (Coleção Vida e Obra, José Álvaro Editor, S. A., sem data mas com indicações que vão até 1969), Fernando Peixoto escreve: "Na dramaturgia brasileira há uma peça cuja estrutura e espírito são diretamente influenciados por *O mistério bufo*, justamente um dos maiores momentos do nosso teatro: *O homem e o cavalo* de Oswald de Andrade". Qualquer estudioso do assunto perceberia as semelhanças, porque elas são grandes e o texto brasileiro está fora da nossa tradição teatral, o que não acontece, apesar de tudo, com a estrutura de *O rei da vela*. Não será tolo nacionalismo, porém, concluir que *O homem e o cavalo*, embora sugerido por *O mistério bufo*, o supera pela felicidade no tratamento do tema e pela eficácia dramática. De posse de um modelo, que Fernando Peixoto qualifica de "talvez superficial", Oswald o submeteu a um crivo crítico rigoroso e, se ele não tem a altitude poética de Maiakóvski, é por outro lado muito mais divertido e satírico, o que filtra melhor para o público o aspecto épico (e ingênuo) da exaltação da sociedade soviética. Acompanha-se com nitidez o itinerário dos quadros de *O homem e o cavalo*, e *O mistério bufo*, apesar da divisão em seis atos, com cenários bem distintos, permanece algo difuso e inapreensível (valho-me da tradução francesa que Michel Wassiltchikov fez da segunda variante da peça, de 1920-1921, publicada no volume *Théâtre* de Vladimir Maiakóvski, Fasquelle Editeurs, Paris, 1957). O levantamento de personagens, com numerosas figuras históricas, já se assemelha ao processo que Oswald adotaria depois. Há sete pares de "puros" – o Négus da Abissínia, um rajá indiano, um paxá turco, um especulador russo, um chinês, um persa bem nutrido, Clemenceau, Um Alemão, Um Pope, Um Australiano, A Mulher do Australiano, Lloyd George, Um Americano e Um Diplomata; sete pares de "impuros" – Um Soldado do Exército Vermelho, Um Acendedor de Lampiões, Um Chofer, Um Mineiro, Um Marceneiro, Um Trabalhador Agrícola, Um Empregado, Um Ferreiro, Um Padeiro, Uma Lavadeira, Uma Costureira, Um Maquinista, Um Esquimó-pescador e Um Esquimó-caçador; e O Conciliador, A Intelectualidade, A Dama das Caixas-de-Chapéus, Os Diabos (entre os quais Belzebu), Os Santos (entre os quais Matusalém, Jean-Jacques Rousseau e Leon Tolstói), Sabaó e Personagens da terra prometida – alegorias como o Martelo, a Foice, as Máquinas, os Trens, os Autos, o Pão, o Sal, o Açúcar etc., além do Homem do Futuro. Pode-se verificar o paralelismo com a peça brasileira pela sucessão dos cenários: O universo, A arca, O inferno, O paraíso, O país em ruínas e A terra prometida. A caminhada para o mundo novo socialista é uma constante das duas obras.

 Maiakóvski justifica o título de sua peça como o "rio do mistério proletário; bufo da burguesia". Mesmo na União Soviética, que ia comemorar o primeiro aniversário da Revolução de Outubro, o texto pareceu chocante, para muitos eivado de um hermetismo que não o recomendava para o povo. Num prefácio, Maiakóvski narra a epopéia para que *O mistério bufo* pudesse estrear. O dramaturgo considera-a um roteiro, o roteiro da Revolução: "Ninguém saberia dizer com precisão que montanhas teremos ainda de fazer saltar, seguindo-o. Enchem-nos os ouvidos com 'Lloyd George', amanhã os próprios ingleses o terão esquecido. Milhões de vontades chamam a comuna hoje, mas daqui a cinqüenta anos, talvez os couraçados aéreos da comuna partirão para o assalto dos planetas longínquos". Por isso Maiakóvski disse que preservou o roteiro (a

O homem e o cavalo

forma) e modificou de novo os componentes da paisagem (o conteúdo). E recomenda que, mais tarde, "os que representarem, encenarem, lerem, imprimirem *O mistério bufo*, que mudem o conteúdo, para torná-lo contemporâneo, atual, presente".

Um Impuro, à maneira das tragédias gregas, faz um prólogo didático, em que narra a matéria de cada um dos seis atos. Ele alerta o público para que verá algo novo. Os bem-pensantes vão sair indignados. Ver conversarem num sofá Tio Vânia e Tia Sônia (personagens nostálgicos de Tchekov) nos deixa frios. "Nós também/ nós vamos vos mostrar a vida verdadeira/ Pelo prisma do teatro/ transfigurada/transmudada/transformada." Está aí uma plataforma estética, que rompe com o realismo da tradição de Tchekov e Górki, e tenta pôr o palco a serviço da Revolução. No primeiro ato, o cenário representa o globo terrestre à luz de uma aurora boreal. O pólo está submerso. O dilúvio cobre o último refúgio. Constrói-se, então, uma arca, para escapar à tormenta. A galera carrega, no segundo ato, puros e impuros, "em monarquia autocrática, em república democrática", até que o Homem do Futuro proclame: "Céu sobre a terra,/ A verdadeira terra,/ A terra dos proletários!/ Não o céu faminto dos Simão e dos Pedro,/ O céu vazio/ Do pequeno Jesus Cristo!". O Paraíso desse Homem do Futuro pertence a todos, menos aos pobres de espírito. Esse Homem contamina todos, que acreditam na terra prometida. O Pescador brada: "Basta de profetas!/ Nós somos nossos Jesus!" (é curioso como, também em Maiakóvski, as referências ao mundo novo se fazem sempre com o cristianismo...). Diz o Prólogo que o terceiro ato vai provar: "Nada deve assustar o operário. Nem mesmo o baile infernal comandado por Satã. Ato quarto: "O Paraíso e seus mistérios/ são desvendados para os proletários". Os Impuros acabam por demolir o Paraíso e o Conciliador termina o ato, dizendo que vai encontrar Tolstói. Ironicamente, Maiakóvski põe em sua boca que ele também fará "a não-resistência ao mal". No quinto ato, o esquimó afirma que seu programa é preciso: ele quer salvar a Rússia trabalhadora, romper as cadeias da fome e a miséria... Uma locomotiva e um navio começam a aparecer nas nuvens, e eles têm a palavra, como os seres humanos. A glorificação da nova máquina havia sido iniciada pelo futurismo italiano e Maiakóvski utiliza o recurso para saudar a Revolução, que a valorizou. É a poesia das máquinas e das usinas, e o Soldado do Exército Vermelho acredita que estejam na soleira, "na porta do verdadeiro paraíso (ainda aqui a mesma imagem extraída do cristianismo). O coro concita à caminhada para o futuro, no ritmo do motor. Finalmente, o sexto ato é a terra prometida. Eles estão de novo em nosso planeta, vendo Marselha, Rostow, Manchester, Moscou. Exalta-se a eletrificação, como fará Oswald em *O homem e o cavalo*. Abre-se uma porta e se vê uma cidade extraordinária: "apartamentos e usinas imensas e transparentes sobem ao assalto do céu". "As melhores coisas saem das vitrinas e se dirigem para a porta com o pão e o sal. A foice e o martelo estão na frente." As coisas dizem que não têm dono, não pertencem a ninguém. Mas depois, elas, as máquinas e os alimentos, em coro, falam aos "impuros" que os tomem, como vencedores. Os Impuros ainda mencionam papéis, que as coisas dizem não ser necessários. O Especulador é expulso, como o Vendedor de Câmbio Negro será preso e executado em *O homem e o cavalo*. Os Impuros cantam, na cena final: "Não há mais escravos sobre a terra,/ O mundo reencontra sua razão". Sem crer num Salvador supremo, no diabo, em Deus ou em seus santos, eles próprios tomaram as armas e o poder caiu em suas mãos: "Do passado fazendo tábula rasa,/ Todo o universo nos pertence! (...) A Comuna se estabelece em toda parte/ Venham dos campos, saiam das minas,/ Nós não éramos nada, nós somos tudo!". Em comparação com a antiga sociedade burguesa, cheia de injustiças, *O mistério bufo* procura exaltar o mundo socialista igualitário, como fez também Oswald, saudando as vantagens da vida soviética em face dos valores caducos da burguesia.

Em outra peça, *O percevejo*, Maiakóvski denuncia também o "filisteu pequeno burguês atual" à luz do mundo futuro. Prissipkine, que traiu a sua classe, por meio de um casamento vantajoso, é vítima de um incêndio e depois seu corpo se conserva congelado, sendo ressuscitado cinqüenta anos mais tarde, numa nova organização social. Esse pequeno-burguês parasita é assemelhado ao percevejo, pelos males que provoca. Diz o Diretor do Zoológico:

O homem e o cavalo

"A *punaesia normalia*, gorda e saciada pelo sangue de um só homem, cai sob o leito. O *consommatorius vulgaris*, gordo e saciado pelo sangue da humanidade inteira, cai sobre o leito. Essa é a única diferença". Também nesse texto Maiakóvski se vale de um "distanciamento", para julgar melhor os erros do burguês. Não tenho dúvida de que essa perspectiva influenciou Oswald, que idealiza, em *O homem e o cavalo*, a civilização socialista, para de seu modelo perfeito condenar com maior veemência a sociedade burguesa insatisfatória. Veja-se que ele não se limitou às maravilhas ditas pelas três crianças nem às estatísticas decoradas pelo médico soviético ou ao discurso exaltado da Camarada Verdade. As conquistas do presente de 1934 pareceram insuficientes a um idealista político animado pelo desejo de perfeição. O último quadro passa-se no Estratoporto, a Gare Interplanetária da Terra Socialista, o universo de verdadeira ficção científica imaginado por Oswald para dar largas ao seu anseio de progresso e de libertação das prosaicas amarras cotidianas. Como Maiakóvski, é em nome de um mundo futuro idealizado que Oswald julga as carências da sociedade burguesa. Esse utópico incorrigível não poderia concordar com tantas injustiças e tantos absurdos que tornam quase inabitável o nosso indefeso planeta.

O roteiro de *O homem e o cavalo* é mais bem elaborado que o de *O mistério bufo*. As personagens exemplares estão mais bem escolhidas e o diálogo tem maior teatralidade. Oswald se sente à vontade com a réplica sintética, telegráfica, de vibração imediata. Com esse procedimento formal, ele evita a dispersão quase caótica da obra de Maiakóvski. As situações exemplificativas de uma tese defendida não prejudicam o vôo imaginário do dramaturgo, que deixou longe a técnica do teatro realista. As personagens, que em geral trazem uma carga histórica já conhecida, não são trabalhadas pela análise psicológica. Por temperamento próprio, Oswald afastou-se do psicologismo, que é considerado um dos maiores inimigos do teatro contemporâneo, nas correntes estéticas e políticas mais controvertidas. Artaud, o teatro do absurdo e Brecht, em campos tão diversos e, nas questões fundamentais, antagônicos, têm em comum o repúdio do psicologismo, herança do teatro realista do século XIX. Sob esse prisma, *O homem e o cavalo* revela uma modernidade admirável, quase inconcebível num meio que se alimentava da comédia de costumes e do repertório europeu de rotina, construído nos moldes estreitos das salas e dos gabinetes, quando não das alcovas. Oswald ilumina as suas personagens através de *flashes* reveladores e não se importa de abandoná-las, quando elas não são mais necessárias à trama. As Quatro Garças, por exemplo, depois de habitarem o Céu e participarem da viagem do Ícaro I, não estão mais presentes no cenário terrestre, povoado por outras personagens. O nome *Mistério*, da peça de Maiakóvski, explicado pelo autor apenas como "rio do mistério proletário", tem outro significado, que se liga ao gênero do teatro medieval, como se vincula a ele também o texto de Oswald. No mistério antigo, os autores passavam, em longas jornadas, da criação do mundo ao Juízo Final, porque, no universo cristão, essa é a perspectiva única, justificadora da existência. A utopia oswaldiana faz das personagens mero acidente de um desfile no tempo, que só adquirirá sentido no "paradisíaco" mundo socialista. O próprio Cristo, símbolo da vida antiga, subordina-se a essa visão histórica, finalmente apaziguada na sociedade sem classes. São Pedro, Ícar, Cleópatra, Byron, Capone e as outras personagens de Oswald são figuras episódicas de uma corrente histórica que desaguará inevitavelmente na civilização soviética. Assim como, na dramaturgia cristã, a personagem só estará completa na dimensão do sobrenatural, que divide os homens entre o Céu e o Inferno (no tablado do mistério medieval, as duas extremidades são um Céu estilizado e uma boca de dragão simbolizando o Inferno), Oswald julga as suas criaturas em função da verdade socialista – um bem para o qual caminham todos os deserdados da terra. Por isso *O homem e o cavalo* começa no "tedioso" Céu cristão e acaba no "animador" Céu da terra socialista. Vai-se de um extremo a outro, como do erro para a certeza, da mentira para a verdade, do mal para o bem. Nos temperamentos inquietos e perfeccionistas, o que seria da vida, se ela não se projetasse nas idealizações utópicas?

Essa visão universal se materializa num palco amoldável ao mundo inteiro. Que desafio para um artista a cenografia de *O ho-*

mem e o cavalo! O teatro medieval, que também não era realista, solucionou a necessidade dos diversos ambientes por meio de mansões, de esquema algo ingênuo. Oswald apelou para a poesia, como o Céu cristão representado por um velho carrossel. E há sempre objetos expressivos para a mitologia brasileira, como a figa monstruosa que pende do teto da estratonave Ícaro I. A montagem da peça deve constituir um fascínio permanente para a vista, além de suas outras qualidades. E, assimilando uma invenção pirandelliana, Oswald faz que personagens tenham réplicas da platéia, naquele desejo de quebrar a fronteira entre o ator e o público – uma das premissas dos grupos de vanguarda dos nossos dias.

A irreverência com antigos partidos políticos (hoje revividos no Brasil), a caçoada com Jesus Cristo e outras figuras bíblicas (que seria tomada como blasfêmia) e a propaganda aberta do marxismo (uma das bruxas atemorizadoras do país) provavelmente não estimularam a passagem de *O homem e o cavalo* do texto impresso para o palco (o diretor Victor Garcia tentou encenar a peça, na temporada de 1972, sob os auspícios da empresária Ruth Escobar, mas os cortes da Censura, sobretudo do sétimo e do oitavo quadros, impediram que se concretizasse a idéia). E é uma pena. Lamentavelmente para Oswald, penso que a peça, por advogar teses que a História não confirmou (ninguém de boa-fé, sem reacionarismo, pode negar que a União Soviética frustrou as esperanças de muitos e se converteu num pesadelo, sob o comando personalista de Stálin, endeusado num quadro), tem hoje um inevitável caráter museológico, e assim não assustaria mais o público. Não estou negando a virulência da sátira de Oswald, mas acredito que o modelo soviético por ele idealizado se encontra tão longe da verdade das últimas décadas que ninguém se encantaria por esse paraíso prometido. Aliás, ele próprio, anos depois de escrever a peça, rompeu com o Partido Comunista, numa prova de que não concordava com a política soviética. Oswald, se voltasse ao teatro, nos últimos anos de vida, talvez reescrevesse *O homem e o cavalo*, a fim de alterar a fé ingênua na construção da sociedade socialista. A adesão irrestrita do texto, repetindo *slogans* partidários, representou um desejo de disciplina, num homem que em toda a existência teve o comportamento de um incoercível individualista anárquico, avesso às convenções de qualquer grupo humano. Imagino como Oswald se comportaria no paraíso soviético que ele idealizou! A peça não se compromete em definitivo, depois da "verdade na boca das crianças" e das estatísticas do Médico, porque se abre para a poesia do Estratoporto, onde não falta a figura satírica da Baronesa do Monte de Vênus. Aí, já não são mais os chavões de uma cartilha marxista, mas a mola da ficção científica, inventora de outros universos que projetam *O homem e o cavalo* para uma construção utópica ainda válida.

Se o texto receber uma grande montagem, tenho certeza de que o resultado será semelhante ao de *O rei da vela*. Não pela contundência política, na qual não se consegue acreditar hoje. Mas pela explosão de uma rica e incontrolável teatralidade, que ainda pode fecundar os caminhos da dramaturgia brasileira.

A MORTA

A morta, a última incursão de Oswald no teatro, feita em 1937, tem características diferentes das obras anteriores, expressas já no qualificativo que lhe foi dado: "ato lírico em três quadros". *O rei da vela* era simplesmente "uma peça em três atos". *O homem e o cavalo* definiu-se como um "espetáculo em nove quadros". Predominava em *O rei da vela* o elemento satírico. *O homem e o cavalo* dava ênfase ao aspecto épico. *A morta* acolhe, como proposta, o gênero lírico, tão diverso das exigências de dramaticidade. Temperamento avesso às convenções de qualquer tipo, Oswald enfrentou as dificuldades do ato lírico valendo-se de algumas armas que havia afiado: o poder de síntese poética, apurado nos livros de poesia da década anterior; a rica imaginação, que lhe permitiu unir São Pedro, o professor Ícar, Byron, Capone, Cleópatra, Mme. Jesus, Cristo, o Barão Bar-á-bás de Rothtschild, Fu-man-chu, a Baronesa do Monte de Vênus e muitas outras personagens, em *O homem e o cavalo*, e lhe fez juntar agora Beatriz, a Outra de Beatriz, o Poeta, o Hierofante, Quatro marionetes correspondentes, a Enfermeira Sonâmbula, o Cremador, Uma Roupa de Homem, a Criança de Esmalte, a Dama das Camélias, Caronte e o Urubu de Edgard, entre outras criaturas; e uma intuição certa, que o amparou para transformar o ato lírico, normalmente fechado num mundo próprio, numa estimulante interpelação ao público, chamado a participar do espetáculo e a transformar a insatisfatória realidade.

A Carta-prefácio do Autor, dirigida a Julieta Bárbara, então casada com ele, expõe o significado da nova peça: "Dou a maior importância à MORTA em meio da minha obra literária. É o drama do poeta, do coordenador de toda ação humana, a quem a hostilidade de um século reacionário afastou pouco a pouco da linguagem útil e corrente. Do romantismo ao simbolismo, ao surrealismo, a justificativa da poesia perdeu-se em sons e protestos ininteligíveis e parou no balbuciamento e na telepatia. Bem longe dos chamados populares. Agora, os soterrados, através da análise, voltam à luz, e através da ação chegam às barricadas. São os que têm a coragem incendiária de destruir a própria alma desvairada, que neles nasceu dos céus subterrâneos a que se acoitaram. As catacumbas líricas ou se esgotam ou desembocam nas catacumbas políticas. A você que é a minha companheira nessa difícil aterrissagem, dedico *A morta*" (São Paulo, 25/4/1937). Oswald, depois de desmontar a engrenagem da sociedade burguesa, em *O rei da vela*, e exprimir o "paraíso terrestre" da utópica sociedade socialista, em *O homem e o cavalo*, enfrenta por fim o "drama do poeta", homem solitário num mundo hostil. Ele não se fechou, porém, num lirismo lamentoso, de vítima incompreendida pela desumanidade da organização social. Estão rejeitados, nesse prefácio, os vários *ismos* que se perderam em formas inarticuladas e ineficazes. Importam-lhe os "chamados populares". Trata-se de um poeta engajado, responsável perante o seu tempo e a sua gente. A frase "As catacumbas líricas ou se esgotam ou desembocam nas catacumbas políticas" poderia servir de epígrafe a toda criação artística adulta e conseqüente. Em *A morta*, Oswald se analisou em face do mundo e assumiu o papel de porta-voz de uma verdade nova.

  É sintomático que os três quadros tenham títulos indicativos das negações combatidas por Oswald: o primeiro – O País do Indivíduo –, em que o individualismo fecha o homem num impasse total; o segundo – O País da Gramática –, em que o problema da falta de comunicação é tratado no nível da linguagem, com uma sintaxe velha tentando sufocar a plena expansão do homem novo; e o terceiro – O País da Anestesia –, síntese do embotamento trazido pelo individualismo e pela linguagem insatisfatória, de que só se pode sair pelo incêndio do mundo. Oswald, mais uma vez, faz baixar um mito no cotidiano. Assim como Abelardo e Heloísa, de *O rei da vela*, eram uma paródia do casal mítico, Beatriz, musa do poeta, é a mesma inspiradora de Dante. Segundo Oswald de Andrade Filho, o modelo do pai, para Beatriz, como já relatei, foi a pianista Pilar Ferrer. Mulher linda mas sem escrúpulos morais, Oswald viu-a como "a morta", que era preciso trazer para a vida, liberta da ganga menor de impurezas. O que dá uma grande força de concentração à dramaturgia de Oswald é que os mitos conhecidos encarnam uma realidade atual e o cotidiano se abre sempre para um paradigma mítico.

A morta começa com o Compromisso do Hierofante, uma espécie de Prólogo, em que ele se define como a moral. O hierofante era, na Grécia antiga, o sacerdote que presidia os mistérios de Elêusis; na Roma antiga, o grão-pontífice; e hoje, o cultor de ciências ocultas, adivinho. Mas Oswald não lhe deu nenhuma conotação mística. Seu hierofante é bem um sacerdote consciente, que tem a primeira e a última palavra do texto. No prólogo, o Hierofante explica que a moralidade aparece no princípio, e não no fim, como acontecia antigamente, para que "a polícia garanta o espetáculo". Diz o Hierofante que permanecerá fiel aos seus propósitos e "solidário com a vossa compreensão de classe" – aludindo à circunstância de que o público burguês tem um ponto de vista condicionado. Apesar de ato lírico, o Hierofante fala em farsa, numa saudável mistura de gêneros, que Oswald praticou em todas as peças. O Hierofante menciona que se contemplará "o indivíduo em fatias" e ele será visto "social ou telúrico". O elenco é um bando precatório "esfomeado e humano como uma trupe de Shakespeare". E o Hierofante concita o público a não sair do teatro horrorizado com a própria autópsia: "Consolai-vos em ter dentro de vós um pequeno poeta e uma grande alma!". Oswald entendia o teatro como era uma provocação ao público, sem agredi-lo irracionalmente, mas abrindo os abcessos para que a consciência pudesse instalar-se sempre livre e soberana.

Participam de O País do Indivíduo Beatriz, A Outra de Beatriz, o Poeta, o Hierofante, Quatro Marionetes correspondentes e a Enfermeira Sonâmbula, definida na rubrica como o único ser em ação viva. O cenário é um cenáculo de marfim, unido, sem janelas, recebendo a luz do fogo, que vem de uma lareira solitária no fundo. A Enfermeira está sentada num banco metálico, no centro do palco, e em torno dela as quatro marionetes acham-se colocadas sobre quatro tronos altos, sem tocar o solo. Elas gesticulam as suas aflições de acordo com as falas, que partem de microfones, colocados em dois camarotes opostos, no meio da platéia. Beatriz, despida, e A Outra, "num manto de negra castidade", ocupam o camarote da direita, e o da esquerda reúne o Poeta e o Hierofante, "caracterizados com extrema vulgaridade". As personagens ficam estáticas, enquanto as marionetes que lhes correspondem executam a mímica de suas vozes. Vê-se que Oswald procura integrar a platéia no palco e a separação entre a personagem e a marionete funciona como efeito antiilusionista. A quebra do realismo, o qual sempre confundiu a personagem com o ser humano, levou muitas vezes a vanguarda a marcar as criaturas artificiais do palco, nascidas do cérebro do dramaturgo, como bonecos verdadeiros. Além disso, é natural que a Enfermeira, que cuida de doentes, seja o único ser em ação viva, ao passo que os quatro habitantes do País do Indivíduo, equivalente à morte, exprimam os próprios movimentos por intermédio de marionetes.

    O diálogo se estabelece por iluminações sucessivas, em que as réplicas se encadeiam como um coral de múltiplas vozes. Não há propriamente uma ação que progrida, mas um desnudamento paulatino das personagens, através de falas confessionais. O Poeta diz que são "quatro lirismos" e que, atrás da porta que se abre, podem surgir "a girafa, o oficial de justiça, a metralhadora, a poesia!" (para Oswald, o cotidiano se constrói por meio de surpresas, que vão da cobrança à bonança). A Outra logo rompe o ilusionismo da situação, afirmando que habitam "uma cidade sem luz direta – o teatro". O Poeta tem consciência de que é impotente dentro da sociedade alienadora: "As classes possuidoras expulsaram-me da ação. Minha subversão habitou as Torres de Marfim que se transformaram em antenas...". A torre de marfim havia se tornado o símbolo da "arte pela arte", que recusava qualquer empenho, e o Poeta passou apenas a captar o mundo, sem condições de modificá-lo. Esse Poeta lúcido sabe que a destruição vive a espreitar o homem, como força talvez mais poderosa que a da construção. Beatriz se sente "um pobre sexo amputado do seu tronco econômico" e propõe ao Poeta a coragem de se amarem num necrotério lavado. Enquanto A Outra observa que a "mulher não é somente um frasco físico", o Hierofante sentencia que "o sexual é a raiz da vida". Aí tropeçam um no outro o mundo velho e o novo" (Oswald encontrou essa fórmula, talvez, para resolver as contradições entre o militante político e o homem de vida sentimental atribulada). O Hierofante vai mais além no raciocínio: "Só é possível um acordo no sexual". Nessa cadeia de conceitos que se superpõem, o Poeta diz que "só a cicuta de Sócrates salvará o mundo", e o Hierofante acha que a data mais importante da história foi a que "pôs o homem entre a ação e Deus". A Outra, que se define como o Alter-ego, buscando sua existência na terminologia psicanalítica, permite ao Poeta considerar-se "o oposto de Beatriz... a raiz dialética de seu ser". Sucedem-se considerações sobre o amor. Para A Outra, "no amor só existe o que há de pior no homem". O Poeta reconhece que "é a volta do troglodita – violenta e periódica". O Hierofante insiste em que "o sexual é o radical da vida. Sua essência é a brutalidade. O amor é a quebra de toda ética, de toda evolução... Quem ama, segundo A Outra, "escuta atrás da porta, viola correspondência, manda cartas anônimas e mata nos jornais...". Beatriz sintetiza o irracionalismo amoroso: "O amor é o quero-porque-quero...". O Poeta sente que encarna a classe média – som entre a bigorna e o martelo, e Beatriz, musa, se vê como a "raiz da vida onde toda revolução desemboca, se espraia e pára". Anima o Poeta o propósito de que um dia se abra na praça pública o seu abcesso fechado, para que ele se exponha perante as massas. Esse Poeta pequeno-burguês deseja libertar-se dos protestos menores – "o chapéu grande e a cabeleira faustosa" –, para falar "a linguagem compreensível da metralha". Retomando uma expressão de *O rei da vela*, que ele havia usado para caçoar da "frente única" política, Oswald – o Poeta afirma que "não haverá progresso humano, enquanto houver a frente única sexual". Édipo que nunca se negou, Oswald – o Poeta se retempera no útero materno de Beatriz e diz, como em *O homem e o cavalo*, que "no mundo sem classes o animal humano progredirá sem medo". Ao confessar-se obscura, Beatriz compara esse estado a uma idéia religiosa. O Poeta diz que ela é "a psique irreconhecível". Como os outros, os donos da vida, tomaram o Estado, o Poeta ficou com a mulher, que funciona aí como o refúgio de um homem perdido no mundo. Mas Beatriz fala que seu coração vive no medo de ter perdido o Poeta. E ele volta a lastimar a sua condição de "valor sem mercado. Criaram o sentimento e o tornaram um valor excluído da troca". Beatriz pede socorro e o Hierofante replica: "Ninguém te ouvirá no país do indivíduo!". O Poeta dá-lhe um epitáfio: "Diante do espelho, és sempre a Vitória de Samotrácia, com os olhos e os cabelos presos a um horizonte sem fundo". Beatriz o concita a fugirem – foi A Outra que morreu. O Hierofante fala que "sopra para sempre o comutador noturno", e o Poeta o considera seu secular álibi.

Não creio que Oswald, solicitado por um gosto literário rigoroso e sem a experiência cênica das peças anteriores, tenha vencido em *A morta* o hermetismo, que prejudica a sua comunicação com o público popular. Só uma montagem muito clara e engenhosa faria passar para o espectador todas as implicações desse relacionamento hierático. Fica do quadro, porém, a idéia do irremediável, da solidão do país do indivíduo, onde o Poeta foi castrado na sua ação e armazena forças para um dia abrir-se em praça pública. De qualquer forma, aí está apenas a apresentação da peça, que precisará suas intenções nos quadros seguintes.

O País da Gramática guarda algumas personagens de O País do Indivíduo – o Poeta, Beatriz, o Hierofante – e lhes acrescenta Horácio, o Cremador, o Juiz, Uma Roupa de Homem, Grupo de Cremadores, Grupo de Conservadores de Cadáver, Mortos, Vivos, o Turista Precoce e o Polícia Poliglota. Desapareceram A Outra, as Marionetes e a Enfermeira Sonâmbula, cuja função se encerrou na primeira parte. O cenário é agora uma praça, onde desembocam várias ruas. O Turista faz perguntas sobre gente que passa, e o Polícia fornece sua identidade. Depois do séquito de gente internacional, desfila gente amortalhada, e o Turista indaga se vivem juntos, vivos e mortos. O Polícia esclarece a alegoria da situação, que representa o mundo da linguagem: "O mundo é um dicionário.

A morta

Palavras vivas e vocábulos mortos. Não se atracam porque somos severos vigilantes. Fechamo-los em regras indiscutíveis e fixas. Fazemos mesmo que estes que são a serenidade tomem o lugar daqueles que são a raiva e o fermento. Fundamos para isso as academias... os museus... os códigos...". Os vivos querem que os mortos desapareçam para sempre, como diz o Polícia, "mas se isso acontecesse não haveria mais os céus da literatura, as águas paradas da poesia, os lagos imóveis do sonho. Tudo que é clássico, isto é, o que se ensina nas classes...". Oswald investe aí contra tudo o que importa em conservação de valores, fiel talvez à fase nascida do manifesto futurista de Marinetti e que deu todo o ardor destrutivo do modernismo. Quando o Polícia se identifica como poliglota, o futurista replica: "O senhor sou eu mesmo na voz passiva". Ele fala sete línguas, sem governante, e o Polícia também fala sete línguas, todas mortas: "A minha função é mesmo essa, matá-las. Todo o meu glossário é de frases feitas...". Mas não se pense que o Turista pertence a outro mundo: como indivíduo que passeia pela terra, sem empenhar-se em nada, suas palavras são as mesmas empregadas pelo Polícia: "Nós dois só conseguimos catalogar o mundo, esfriá-lo, pô-lo em vitrine!". Absurdo quererem transformar "uma terra sem surpresas". O Polícia diz que, se isso acontecesse, "desconheceríamos as pedras novas da vida, os feitos valorosos da rebeldia. Não distinguiríamos mais fronteiras e alfândegas... Perderíamos o pão e a função". E o Turista acrescenta: "E nós, os ricos, os ociosos, onde passear as nossas neurastenias, os nossos reumatismos? Onde? Perderíamos toda autoridade". Os Cremadores, ao fundo, gritam "Abaixo os mortos!" e querem limpar a terra. Os mortos, como se depreende do diálogo, são os burgueses, os patrões, e os vivos, a massa proletária que busca um lugar ao sol. O Polícia, paternalmente, observa que os vivos são ingratos, "não sabem que sem os mortos eles não teriam tudo, emprego, salários, assistência...". O Turista pergunta o que seria do mundo sem os patrões e o Polícia afirma que os vivos "querem queimar todos os cadáveres, os mais respeitáveis, os que fazem a fortuna das empresas funerárias mais dignas, como a imprensa, a política...". Oswald ataca assim, diretamente, a dependência que a imprensa e a política têm do grande capital, não podendo defender os interesses do povo. Também em *A morta*, ele utiliza os postulados marxistas para investir contra o que inclui entre as forças da reação. O Turista, antes de sair de cena, conversando com o Polícia, ainda diz que "acabam querendo queimar o cadáver da curiosidade, que sou eu!".

Ocupa o palco, a seguir, a força contrária, ouvindo-se vozes que contestam a autoridade dos ociosos: "Queremos o verbo criador da ação...!". O Poeta conta a Horácio que deixou Beatriz para sempre e se sente atual, longe da "Apassionata". Ele se renova na rua e Horácio confirma: "É o país da gramática. Nele acharás o teu elemento formal". O Poeta, entretanto, não se libertou inteiramente da musa. Guarda a "esperança trágica" de vê-la e se julga o culpado, por ter andado cada vez mais para o lado das estrelas, enquanto "ela ficou no meio da música...". Para o Poeta, a vida sem Beatriz é deserta, e ele utiliza, mais uma vez, uma imagem psicanalítica: caverna do indivíduo, ela o agasalha, na quietude do feto dentro do útero. Surge em cena um pequeno Exército da Salvação, em que um homem gordo carrega uma tabuleta com os dizeres: "Deus, Pátria e Família", símbolo do integralismo, de colorido direitista. Horácio os reconhece como "os conservadores de cadáver", na análise política de esquerda que vê nos integralistas o sustentáculo da burguesia, já na fase de repúdio do liberalismo. Quando os Cremadores querem limpar o mundo dos mortos, que comem a comida dos vivos, o Hierofante os chama de materialistas. Um Cremador não aceita o qualificativo: "Ao contrário! Somos a constante idealista que faz avançar a humanidade!". Para Beatriz, o Poeta denomina aquele o "país da Ordenação". Beatriz comenta que as árvores foram substituídas pelas armações metálicas e "a natureza foi vencida pela mecânica". O Poeta e Beatriz têm mais um diálogo íntimo, em que ele a vê desagregar-se, e ela acha que encontrou a sua unidade. Essa expansão lírica é cortada por novo tumulto, em que os Cremadores desejam expulsar os exploradores da vida. Beatriz pergunta quem são esses desordeiros e o Poeta explica: "É a vanguarda que luta pela libertação humana". Como Beatriz se sente sufocada, o Poeta acha que ela pertence a um país assexuado. O tumulto cresce e o desejo de libertação gramatical de Oswald o faz juntar aos Cremadores galicismos, solecismos, barbarismos, condenados pelos puristas, guardiães de uma língua morta. Por isso do lado dos mortos se colocam "graves interjeições, adjetivos lustrosos e senhoriais arcaísmos" – tudo o que Oswald repudiava no estilo literário.

Faz-se um coro de interjeições e os Cremadores mandam para fora a sua estupidez. O Hierofante fala em "massa desprezível de pronomes mal colocados" e o Cremador replica: "Fora! Quinhentistas! Falais uma língua estranha às novas catadupas humanas!". O Hierofante afirma que são "o vernáculo das caravelas" e o Cremador procura mostrar esse absurdo, por estarmos no século do anão. Os Cremadores se identificam como a língua falada pelo rádio – a língua viva, colhida na rua – "fundamentos do esperanto, a língua de uma humanidade una". No seu anseio por um mundo sem fronteiras, Oswald chegou a pensar no esperanto como veículo para uma comunicação universal. O Hierofante pergunta quem poderia destruir uma frase feita e os Conservadores apelam para um juiz. Grande gramático, os Cremadores o consideram um juiz de classe, e ele próprio diz que julgará segundo os cânones. A invocação do Juiz a Deus e a Jesus Cristo, para que o inspirem e lhe garantam o céu, já o situa do lado dos conservadores. O Hierofante deseja o culto aos mortos e não admite que se destrua um cadáver: "A humanidade levou séculos para construir esta frase 'Deus, Pátria e Família'. Como derrogá-la? Como e por quê?". O Cremador faz, então, profissão de fé de um proletariado consciente de que a burguesia o explora: "O que nos traz à cena é a fome. Mais que qualquer vocação. Muito mais que a vontade de representar. É o problema da comida! A produção da terra é desviada dos vivos para os mortos. Nós trabalhamos para alimentar cadáveres. Mais eles absorvem a produção, mais aniquilam os vivos. Tudo que produzimos vai para sua boca insaciada. Eles possuem armas e dirigem exércitos iludidos pela ignorância e pela fé religiosa". Mais uma vez, Oswald recorre à técnica antiilusionista, como se os Cremadores estivessem cuidando de um problema da realidade, apenas trazido para o palco, em vez de estarem vivendo uma ficção.

Insistem os Cremadores em que é preciso destruir os mortos que paralisam a vida, mas o Juiz se dispõe a dar a sentença. Sua fonte de sabedoria é o livro Bi-blos, onde tudo se encontra. A sentença é: "Os-mor-tos-go-ver-nam-os-vi-vos!". Essa é a premissa maior. A premissa menor: "Os Cremadores são excessivamente vivos!". Portanto, os Cremadores devem ser governados... Silogismo de quem deseja a continuação do *status quo*, o que leva o Poeta a concluir: "Essa lógica tem servido de fundamento a todos os crimes históricos". O Cremador concita à rebeldia: "Um dia sairemos de nossos laboratórios subterrâneos... Para limpar o mundo de toda putrefação!". O Juiz é conduzido em triunfo pelos conservadores, que gritam contra os solecismos e os barbarismos. É curioso observar que a inspiração marxista levou Oswald, como Brecht em numerosas peças (*A exceção e a regra* e *O círculo de giz caucasiano*, principalmente, mas também *O Sr. Puntilla e seu criado Matti*, *À procura do direito* – uma das cenas de *Terror e miséria do III Reich*, *A condenação de Lúculo* e *A alma boa de Setzuan*), a criticar a Justiça como solidária com a ideologia da classe dominante. Ainda influenciado pelas liberdades dos vários *ismos* que se superpuseram nas primeiras décadas do século XX, Oswald atribui uma réplica a Uma Roupa de Homem, que passa pelo palco. Beatriz fala que foi cortejada por esse "conhecido" e o Poeta acha impossível, porque se trata de um morto. Esclarece o Poeta: "Os mortos ainda infestam a terra viva. Metade da população desta praça é de gente morta". Beatriz não admite que o Poeta a abandone: "Nasci da seleção de ti mesmo! (*Declamando*) Comecei a palpitar com a tua religião infantil, com a tua cultura adolescente! Fui o cofre heráldico das tuas tradições, a cuna de tua gente!". Beatriz diz pertencer às regiões da amnésia. Ela o ama ainda e nunca a febre amorosa do Poeta deixou o seu corpo. Mas quer que ele a acompanhe, no séquito dos Conservadores. O Poeta recusa e a chama para o outro lado. Enquanto a Voz de um Cremador exclama que é preciso salvar o mundo, a Voz do Hierofante diz que é preciso conservar as instituições. Beatriz continua desejando seduzir o Poeta pelo sexo – "nessa frente única a humanidade hesita...". O Poeta a contesta, afirmando que "o social domina os humanos". Beatriz coloca as mãos (recatadamente) sobre o sexo e diz que "o que os homens querem é isso, só isso!". O Poeta a considera "a morte, o abismo final", e Beatriz se julga "a imagem do sexual". Uma rubrica informa que "a charanga do exército da morte toma conta da cena lentamente" e "Beatriz centraliza-o". O Poeta, porém, se dispõe a salvá-la. E vai fazê-lo "pelo primeiro avião", imagem de modernidade contra o conservantismo dos mortos. Ao correr o Poeta atrás do cortejo, Horácio chama-o insensato e previne que vão guardá-lo para sempre os dentes fechados da morte.

Esse quadro funde de maneira admirável a idéia de uma linguagem viva e de um homem novo, que procura romper o círculo das forças retrógradas. De um lado estão os conservadores, os puristas, os que se prendem apenas ao sexo, e de outro os revolucionários, os que encaram a língua como um produto vivo e modificável, os que vislumbram, além do sexo, o social. Beatriz, a inspiradora do Poeta, acaba se alinhando ao lado dos mortos, e ele procurará trazê-la para o reino dos vivos. O Poeta quer que a sua musa seja atuante e não a atração para o abismo. Aí Oswald simboliza bem a luta interior entre o velho mundo sentimental e individualista e o empenho de pautar-se pelos interesses da coletividade. Não há, também nesse quadro, o desenvolvimento de psicologias, mas o confronto de posições contraditórias, que resumem as dicotomias básicas do homem: o passado e o futuro, a conservação e a revolução, a burguesia e o proletariado, a morte e a vida. O Poeta faz uma profissão de fé contra as forças retrógradas e a favor do mundo novo. Embora seduzido pela imagem inquietante de Beatriz – figura de enleios antigos e apaziguadores, ele se liga aos Cremadores das antigas crenças e instituições. Oswald repudia toda a herança romântica e patriarcal, em função da solidariedade lúcida com os oprimidos e humilhados. Ele engloba num mesmo universo o juiz que decide de acordo com o interesse das classes dominantes e os ensinamentos da Bíblia, afeiçoada a exegeses obscurantistas. Não se pode negar que haja o desenvolvimento de uma situação e o progresso dramático numa idéia. O público tem oportunidade de pesar os argumentos de uma e outra facção, e decidir por conta própria se vale a pena ser fiel ao purismo lingüístico e ao conservantismo político, ou acolher os solecismos e propor a alteração do mundo. O gesto final do Poeta de salvar Beatriz e sua corrida atrás dela comprometem a ação no quadro seguinte.

O País da Anestesia conserva Beatriz, o Poeta e o Hierofante – as únicas personagens que atravessam os três quadros –, e põe a seu lado a Criança de Esmalte, Seus pais, o Atleta Completo, o Rádio Patrulha, a Dama das Camélias, a Senhora Ministra, Caronte e o Urubu de Edgard (Allan Poe). O cenário contém uma paisagem de alumínio e carvão. Um aeródromo serve de necrotério, à direita. Um jazigo de família está no centro. À esquerda fica a árvore desgalhada da Vida, em forma de cruz, na qual arde um facho. Segundo a rubrica, conversa nos degraus do jazigo um grupo de cadáveres recentes. A primeira fila de cadeiras da platéia deve permanecer vazia, para atender às necessidades do espetáculo. O Hierofante identifica o ruído do motor como do autogiro de Caronte, o barqueiro do além, na mitologia grega. Caronte traria Beatriz de autogiro, e o Poeta viria de planador. O Pai reclama silêncio, porque se matou para ouvir a solidão. Quer estar só e não viver em sociedade. E se encontra enovelado no mesmo universo de vis preocupações da vida. Mas há berreiro no jazigo e o escândalo merece comentários. A Dama das Camélias estranha essas brigas no seio da sociedade honrada. O Hierofante esclarece que são católicos e seu suicídio, com gás, "teve a mais tétrica repercussão nos meios distintos". Oswald começa a sátira aos hábitos da sociedade elegante. O Menino reclama que o pai, além de tê-lo "suicidado", não lhe quer dar doce. O Pai diz que o amante da mãe lhe dava doces, colocando o problema do adultério, uma das constantes da burguesia. Quando o Menino explica que era por isso que gostava dele, o Pai o chama de cínico e bastardo, "filho de uma...". Continua a briga familiar e a Dama das Camélias pede que o Hierofante conte a história da queda de Adão. Em vez de repetir o ensinamento bíblico da maçã e da tentação da Serpente, o Hierofante conta que Adão levou um tombo: "Quando se levantou do solo estava criada a propriedade privada...". O Hierofante define o homem como o conteúdo das mitologias e dá outra explicação cômica para o nascimento de Adão. Não foi um choque físico que o produziu, mas um choque econômico: "Caindo da árvore ele perdeu os frutos com que se alimentava". A Senhora Ministra gostaria de ter um rádio, para escutar a *Giovinezza* e "ir às corridas de longe". Ela menciona Longchamps e o Derby de Epson (que aparece em *O homem e o cavalo*), e diz que um coronel namorava os seus braços nas corridas. "Era um homem casado, muito sério!" – nova ironia de Oswald com os hábitos burgueses do adultério. Finalmente fala-se sobre o Urubu de Edgard, que passa ao fundo. Seu dono é o literato Edgard Poe e o bicho é que fornece certidões de óbito. Discute-se macabramente se vão jogar golfe com as próprias caveiras e a Senhora Ministra propõe um brinquedo de sociedade – a leitura da mão. O Hierofante fala, então, que é impossível esse brinquedo, porque não há mais linhas nas mãos tumefatas: "Está tudo esgarçado pela morféia lenta e definitiva da morte. Vivemos na negação". O Alteta Completo retifica: "Na eternidade". A Senhora Ministra acha que o Poeta não irá ali, atrás da morta, e a Dama das Camélias, alegando a autoridade de quem foi mulher da vida, sabe que ele aparecerá. Para o Atleta Completo, não adiantou nada a Senhora Ministra ter sido mulher legítima de um ministro: apodreceu como ele. A Senhora Ministra quer que o Patrulha ligue o rádio, para ela funcionar como a Nirvana-emissora, desmoralizando toda a vida. O Hierofante pensa que "estas coisas mecânicas não convêm ao nosso estado onírico", mas a Senhora Ministra acredita que a irradiação lhes interessa. O Atleta Completo a vê como um desabafo espiritual, já que, segundo a Dama das Camélias, eles trouxeram todos os recalques terrenos.

Um autogiro desce verticalmente e dele sai Caronte, carregando um corpo de mulher amortalhado num grande *renard argenté*. Caronte deposita a Morta na mesa de mármore do necrotério e o frio que a Dama das Camélias sente no peito é explicado pelo Hierofante como "a presença dos sopros augurais da terra", isto é, o Poeta está chegando. O Poeta procura Beatriz na cena, e a chama "retificadora dos meus caminhos". O Poeta descerra o *renard* e Beatriz, depois de falar em sacrilégio, se dirige ao Poeta: "Porque tudo que te dou de emoção, de força criadora, não pões em tua arte estancada!'". O Poeta acha que Beatriz fala de novo a linguagem da vida e ela nega que ele possa penetrar naquele país, em sua sagrada intimidade com os autômatos. Beatriz pergunta o que se passa lá embaixo, na terra, onde há a chuva, e o Poeta refere-se à chuva como coiteira de tragédias. Beatriz une, mais uma vez, o Ego e a Gramática – o individualismo e o respeito cego às regras do passado. O Poeta sente-se chamado pelo drama, "desenvolvimento do próprio ser universal". Estranha-se uma réplica de Beatriz: "Quero plata...". Ela diz que o Poeta lhe abriu de novo os caminhos incoerentes da terra e o Hierofante propõe um comício de protesto: "O amor quer fazê-la voltar ao país ordenado e terrível da rua". A reunião será na platéia, para que as personagens não percam o que a Dama das Camélias chama de "a grande cena". O Atleta Completo deseja ver como um poeta ama e os cadáveres se organizam com dificuldade, até colocar-se na primeira fila da platéia. Beatriz pede ao Poeta que a ame e ele diz: "És a agressão, o eros e a morte. Sigo-te e desapareces!". O Poeta a via como a felicidade: "Me diminuías como uma criança em ti!". Beatriz fala que o Poeta é o feto humano que voltou à eternidade e ele se considera a mensagem sexual dela. O Poeta não tem mais o poder de acordar em Beatriz o ódio erótico, porque ela habita "o país letárgico onde não penetra a dor". O Rádio Patrulha grita, na platéia, "Debout les morts!" ("De pé os mortos!"), como em *O homem e o cavalo* se ouvira "Debout les rats!" ("De pé os ratos!"), e o cortejo retorna ao palco. Para o Poeta, Beatriz guardava no "peito uma humanidade diversa, atraente e terrível". O Hierofante afirma que "só se ama no plano da criação". O Poeta sente que trouxe o amor para o nada e Beatriz o contesta: "Para a aurora da vida!". O Poeta argumenta que, se a força criadora de sua paixão não a toca, é porque Beatriz não existe. Depois de repetir "Nunca mais!", do poema de Edgard Allan Poe, o Poeta começa a incendiar a Árvore da Vida. Agora, não mais os "símbolos dialéticos do sexual perturbarão a marcha do homem terreno". A Senhora Ministra tem uma intervenção cômica: "Sempre disse que essa vela aí era um perigo!". Para o Hierofante, os Cremadores mataram os deuses e se libertaram dos mitos inúteis. Beatriz pede ao Poeta que lhe con-

A morta

tinue fiel e permaneça para sempre dentro dela. O Poeta fala em devorar esse trecho noturno de sua vida e jura fidelidade aos arrebóis do futuro. O Hierofante observa, ironicamente, que "o erro do homem é pensar que é o fim do barbante... O barbante não tem fim". O Urubu anuncia que "a humanidade continuará trágica e ingênua... Só a morte é a etapa atingida". O Poeta passa o facho aceso no corpo de Beatriz e considera todo mistério aclarado, desde que o homem queime a própria alma. No fundo, surge um imenso clarão. O Poeta afirma que incendiará os cabelos noturnos de Beatriz, sua boca aquosa, a aurora de seus seios. A rubrica diz que "flamba tudo nas mãos heróicas do Poeta". E o Hierofante, aproximando-se da platéia, encerra *A morta*: "Respeitável público! Não vos pedimos palmas, pedimos bombeiros! Se quiserdes salvar as vossas tradições e a vossa moral, ide chamar os bombeiros ou se preferirdes a polícia! Somos como vós mesmos, um imenso cadáver gangrenado! Salvai nossas podridões e talvez vos salvareis da fogueira acesa do mundo!".

Na montagem do Teatro Oficina, essa fala de *A morta* foi incorporada ao final de *O rei da vela*, e terminava o espetáculo com uma interpelação à platéia. Para as intenções do diretor José Celso Martinez Corrêa, justificava-se plenamente essa liberdade literária. José Celso, depois sobretudo da provocação de *Roda viva*, texto de Chico Buarque de Holanda em que insuflou uma agressividade inesperada, não se contentava com o espetáculo fechado no palco, e exigia dele uma atuação direta sobre o público. *O rei da vela*, por mais que desmascarasse o mecanismo da burguesia indígena, encerrava-se num retrato feroz e grotesco, mas que o espectador podia não identificar com a própria imagem. Por outras vias, o mundo apodrecido de *A morta*, com Beatriz sexual e a Dama das Camélias, é o mesmo de Abelardo e Heloísa em *O rei da vela*. Oswald voltava, com sua última peça, a verberar a burguesia, habitante do país dos mortos – o indivíduo, a gramática e a anestesia. Só que, desta vez, o Poeta tem o dom de resgatar a humanidade perdida e a réplica do Hierofante funciona como um apelo à consciência do público. Desse ponto de vista, *A morta* dá um passo adiante de *O rei da vela* e não era, de maneira nenhuma, trair o autor acrescentar ao espetáculo um estádio mais avançado de seu próprio ideário. A platéia, em ambos os casos, é identificada como burguesa, e o palco se transforma na chama da revolução. Daí o pedido de bombeiros, ou mesmo de polícia, se o público desejar manter as suas tradições e a sua moral. O que se passa antes do incêndio do palco é a reprodução dos problemas da platéia burguesa – dramas de "um imenso cadáver gangrenado". Só se o público salvar as podridões dos "mortos" conseguirá escapar da "fogueira acesa do mundo". Oswald não faz um discurso positivo, exortando o espectador a participar da revolução. Ele utiliza a *via negativa*, por considerar a fogueira um fato consumado. A única saída da burguesia – inexistente, como sugere o texto – seria conter a inevitabilidade da revolução, em marcha nas mãos do Poeta.

Tive oportunidade de assistir, no Teatro de Arena do Largo da Carioca do Rio, em janeiro de 1971, a uma encenação de *A morta*, por um grupo que tentava profissionalizar-se. A circunstância de serem amadores todos os responsáveis pelo espetáculo não era a mais indicada para um texto tão difícil, que exige uma exegese muito lúcida e um domínio perfeito dos meios teatrais. Não era esse o caso do conjunto, que aproveitava todos os maneirismos dos elencos de vanguarda, na utilização dos recursos corporais, tão aparentados às vezes à simples ginástica. A pletora barroca do desempenho, admitida talvez para evitar o didatismo, dificultava o entendimento do diálogo. Tinha-se a impressão final de que *A morta* não funciona no palco, ao menos no estilo adotado. Parecia que Oswald falava sem parar, num delírio poético, sem organicidade dramática. Apesar dessas restrições fundamentais, não era possível ficar indiferernte ao texto e o próprio grupo revelava um saudável espírito de pesquisa.

O Teatro Sedes de São Paulo encenou também *A morta*, para participar das comemorações do cinqüentenário da Semana de Arte Moderna, no primeiro semestre de 1972. Talvez pelo propósito de homenagem, essa versão pecou por timidez excessiva, característica antioswaldiana por excelência. Conduzido pela palavra estrita das rubricas, o diretor Roberto Lage fez um primeiro quadro em que atores, no palco, gesticulavam como marionetes, enquanto os

A morta

protagonistas diziam as réplicas, na semi-obscuridade da platéia. Possivelmente um simples foco de luz sobre os intérpretes tornasse menos penosa essa troca de frases no escuro, que os movimentos pouco imaginosos dos bonecos não conseguiram animar. Outra solução, de qualquer forma, precisaria ser encontrada.

O interesse da montagem aumentava gradativamente, embora se notasse no início do segundo quadro uma total inadequação entre as falas animadas de um Repórter e o número reduzido de figuras na praça. O espetáculo inteiro exige uma imaginação sem fronteiras, que, sem desfigurar as palavras, crie uma realidade além delas. Mas a idéia do resgate da vida pela poesia, afinal de contas, não deixava que se frustrasse completamente a encenação do Tese.

A morta foi também apresentada pelo Grupo Divulgação do Centro de Estudos Teatrais de Juiz de Fora, sob a direção de José Luiz Ribeiro, e incluída, no dia 11 de julho de 1972, no programa do Festival de Inverno, de Ouro Preto.

Voltando ao texto, não vejo nele parentesco com outras obras de dramaturgos estrangeiros ou nacionais. Se *O rei da vela* não foge das coordenadas conhecidas do teatro e *O homem e o cavalo* revela nítida influência de *O mistério bufo*, de Maiakóvski, *A morta* não se liga à tradição do teatro poético nem tem contato com outra linha ou tendência. Sob esse prisma, ela é a mais original das peças de Oswald, embora talvez se mostre a de teatralidade menos evidente. Nas situações e nos diálogos, o dramaturgo rompeu com todas as convenções do teatro realista, e instaurou um universo próprio, de profunda organicidade. Pertencentes a uma única fase de empenho político, as três peças nasceram da mesma ideologia e de um idêntico propósito de luta. *O rei da vela*, sob o prisma ideológico, se contém mais nos métodos de análise do Partido Comunista ortodoxo, que equacionava todos os problemas nacionais como reflexo do imperialismo norte-americano. A burguesia brasileira é desmascarada como tributária do capitalismo estrangeiro, do qual ela não passaria de testa-de-ferro. Em *O homem e o cavalo*, já não é mais a burguesia brasileira, mas tudo o que simboliza a burguesia internacional, que se defronta com o novo socialismo implantado na União Soviética e reconhece a própria derrota e os valores admiráveis do mundo futuro. As duas peças, que fixam estádios diferentes de uma evolução política, têm no dramaturgo um observador colocado fora do processo, para analisar situações objetivas. Mesmo que o dramaturgo esteja comprometido com a ideologia marxista, ele não se envolve, como personagem, na crítica à sociedade burguesa e na exaltação do mundo socialista. *A morta*, que escolhe o Poeta (dramaturgo) como protagonista, realiza a síntese ideológica das peças anteriores: é ao mesmo tempo contestação dos valores burgueses e louvação do socialismo, visto como produto da poesia. Os textos, sem necessidade de forçar a exegese, formam uma trilogia, de evidente princípio unitário. Compreende-se que, ao escrevê-los, Oswald tenha tido a sensação de encerrar um ciclo e, como não chegaram ao palco, deve ter-lhe faltado ânimo de partir para outras experiências cênicas, nos 17 anos em que ainda viveu, depois da edição de *O rei da vela* e *A morta*. O que lhe pareceu mais sedutor para tentar o amplo painel histórico foi o romance, e daí a publicação, em 1943 e 1945, dos dois volumes de *Marco Zero* (*A revolução melancólica* e *Chão*), que prolongam a análise da trilogia dramática.

Indiscutível unidade ideológica das três peças, está claro, mas pesquisa formal sempre nova, porque Oswald era incansável na experimentação. Eu me pergunto se ele não passava de um método dramático a outro, também, na tentativa de chegar ao público. Irrepresentado um texto, o seguinte adotaria um novo instrumento teatral, na esperança de uma encenação. Era um terrível labor solitário, num país despreparado para receber tamanha carga criadora. Lembre-se que da crítica satírica de *O rei da vela* ele passou ao cântico épico de *O homem e o cavalo* e finalmente à invenção lírica de *A morta*. Poucos autores brasileiros revelaram essa preocupação de renovar seus processos a cada nova peça e nenhum foi tão radical como Oswald nesse programa. Sem dispor de uma tradição sólida na dramaturgia brasileira, que ele pudesse continuar ou romper, compreende-se que tateasse no escuro, à procura de uma linguagem válida. Como suporte das experiências continuadas, ajudava-o sempre uma fértil imaginação, inimiga da rotina literária. Oswald não se aplicava em realidades particulares ou em problemas menores. O microcosmo que ele pintava projetava de imediato um macrocosmo, síntese de uma filosofia. O individualismo anárquico se compensava, em Oswald, com uma necessidade permanente de sistema, e por isso suas três peças resultaram em visões orgânicas e globais do mundo. *O rei da vela* é um retrato sem retoques da burguesia brasileira, decomposta em todos os seus valores. Através das personagens de *O homem e o cavalo*, defrontam-se a concepção capitalista e a socialista da vida. E *A morta* define o homem como criatividade, como projeto, como construção permanente – única forma de subtrair-se à lei implacável da morte. Às vezes, o esquema político adotado por Oswald pode parecer primário, mas ele utiliza com tanta agudeza o método de análise que lhe dá a limpidez e a força dos mitos. *A morta* já é uma indagação ontológica, em grandes linhas, do papel do homem na terra. Nem cabe mais levantar a hipótese da exegese por esquemas partidários. A grande vantagem de Oswald, como ficcionista, é que a focalização política não deforma ou empobrece o homem. O poeta que sustenta a sua obra infunde um sopro de grandeza e de magia no universo dramático das peças, e o que poderia parecer apenas político se transfigura em funda e complexa humanidade.

OSWALD, NELSON
E UM BRASIL ADULTO

*F*ernando Peixoto observa, no artigo incluído na edição de 1967 de *O rei da vela*, que a dramaturgia de Oswald "é uma dramaturgia sem seguidores, sem prolongamento nítido" (obra citada, p. 36). De fato, quando os autores que se lançaram nas décadas de 50 e 60 apontavam um mestre, ele nunca era Oswald de Andrade, mas Nelson Rodrigues. As peças de Oswald, conservadas em livro mais de trinta anos, não puderam exercer a influência imediata e direta que nasce da prova do palco. Jorge Andrade me disse certa vez que sua obra já estava pronta, ao tomar conhecimento do teatro de Oswald. Não lhe coube, assim, definir-se um dia em face do que havia proposto seu antecessor. E da montagem de *O rei da vela* em diante, os problemas estéticos e políticos apresentavam feição tão diferente que não seria fácil apontar uma continuidade nas peças dos novos dramaturgos. O mais simples, com esse raciocínio, é chegar à conclusão de que a dramaturgia de Oswald existe como um monumento isolado na história do nosso teatro, surgida cedo demais para que formasse raízes duradouras. O vanguardismo de Oswald o teria distanciado do que se produziu nas últimas décadas no Brasil.

Apesar de parecer esse o território crítico mais sólido, do qual as pesquisas cautelosas não se deveriam afastar, pretendo trazer à tona diversas semelhanças fundamentais entre a dramaturgia de Oswald e a de Nelson Rodrigues, e, como a primeira cronologicamente é anterior, muitas das inovações atribuídas à segunda lhe devem de direito ser creditadas. Certa vez, comuniquei em conversa amiga a Nelson o profundo parentesco que eu via entre o seu teatro e o de Oswald, e ele se espantou com os exemplos que fui arrolando. Nelson admitiu que havia coincidências extraordinárias, mas negou que tivesse lido algum dia as peças de Oswald. Ele chegou a jurar pela felicidade de sua filha, como se fosse necessário esse testemunho para que eu não duvidasse de sua palavra.

Com o pronunciamento categórico de Nelson, no qual se deve confiar, formulei para mim mesmo a hipótese de que ambos teriam recebido a mesma influência ou encontrado um modelo semelhante. Fiz pesquisas com o objetivo de comprovar a hipótese (autores estrangeiros ou nacionais de características parecidas) e nada encontrei que justificasse a existência de uma fonte comum. Ocorreu-me, então, uma outra idéia: numa mesma época preocupações iguais andam pelo ar, até em latitudes diferentes. Um clima do tempo como que penetra as personalidades mais diversas e lhes inocula um espírito comum. Sem que se trate realmente de influência, a evolução espontânea das formas leva a resultados muitas vezes idênticos, em experiências que não se comunicaram. Cabe lembrar que o teatro de Oswald foi publicado em 1934 e 1937, e esta última edição, contendo *A morta* e *O rei da vela*, saiu da Livraria José Olympio, um dos mais prestigiosos redutos dos escritores modernistas e da geração surgida nos anos 1930. Não era comum editoras de nome lançarem peças e, ao menos nos meios teatrais mais avançados, dificilmente não se mencionariam os valores dessa dramaturgia. Na realidade, quando Nelson se iniciou no teatro, em 1939, com *A mulher sem pecado* (levada pela Comédia Brasileira, sob a direção de Rodolfo Mayer), Oswald era o único autor brasileiro lançado por uma editora de nome entre os intelectuais. O teatro de Oswald tinha força e originalidade demasiadas para que passasse despercebido entre os jovens inquietos e exigentes que fundaram o movimento amador de Os comediantes. A virulência de *O rei da vela* andava pelo ar, para que se infiltrasse na dramaturgia de Nelson, mesmo sem que ele lesse a peça. Não creio que, em conversas de bar, nunca ocorresse o nome de Oswald, o único autor modernista que havia tentado o teatro, depois de 1922. Se não houve influência direta de Oswald, está fora de dúvida a sua precedência em

Teatro da Ruptura: Oswald de Andrade

numerosos aspectos que ajudaram a celebrizar Nelson. Impõe-se fazer essa justiça póstuma a Oswald.

A primeira aproximação entre os dois dramaturgos pode ser tentada no plano da linguagem. Enquanto *Deus lhe pague*, de Joracy Camargo, a peça brasileira de maior repercussão, na década de 1930, buscava um diálogo de elaboração literária, que freqüentemente caía na subliteratura, Oswald e Nelson, sem serem realistas, se interessaram pela fala colhida ao vivo, na rua. A semelhante inclinação expressionista os levou a utilizar diálogos telegráficos, de teatralidade evidente, sem delongas explicativas que perturbam a presença física do ator. O espírito de síntese, a captação em palavras essenciais do núcleo dramático não tem paralelo, antes de Oswald e Nelson, na dramaturgia brasileira. Essa semelhança se explica também, à margem da inclinação dos temperamentos, pelo golpe de misericórdia que o modernismo havia dado no estilo torturado de Coelho Neto. Em grande parte, a partir de 22, procurou-se a simplicidade, a negação do preciosismo, "a contribuição milionária de todos os erros", numa sintaxe autenticamente nacional, que não reproduzisse apenas as regras lusitanas. A marca literária de Oswald e Nelson é uma operação posterior à escolha de um flagrante nu e expressivo, liberto dos acréscimos de natureza artística. Apenas a comédia de costumes, nos seus melhores exemplos, extraídos de Martins Pena e Artur Azevedo, havia preparado o diálogo para uma teatralidade autêntica, despida das considerações literárias. Mesmo quando Oswald partiu para o tratamento lírico, em *A morta*, não abdicou da incisividade do diálogo, feito de iluminações bruscas e sucessivas. Os diferentes estilos de Oswald e Nelson não negam a fonte única de que se nutriram.

O processo de captação das personagens é semelhante. Tanto Oswald como Nelson as trazem sem censura para o espectador, como se lhes agradasse realizar um *strip-tease* moral. Em todas as suas relações com os outros, Abelardo I não mistifica, não inventa propósitos nobres. Seu casamento com Heloísa é um negócio, o que deseja do intelectual é a subserviência, o trato que faz com Perdigoto, para a criação de uma milícia rural, se destina a proteger o seu dinheiro. Em nenhum momento Abelardo invoca princípios elevados da livre iniciativa, do liberalismo ou da democracia. Ele é um capitalista que deseja a todo custo preservar os seus privilégios, sem os esconder sob o manto embelezador do progresso que traria para a coletividade. Na dramaturgia de Nelson, também, o jogo é realizado às claras, para a platéia não ter ilusões a respeito do mecanismo interior das personagens. Um dos exemplos mais flagrantes desse procedimento do autor de *Vestido de noiva* está na personagem do milionário Werneck, de *Bonitinha, mas ordinária*. Werneck deseja dar a filha em casamento a Edgard, ex-contínuo, seu empregado, para reparação de um estupro. E ele não falsifica a proposta: com ela, oferece um cheque ao portador, de dois milhões, para selar a compra de Edgard. Na personalidade de Werneck se identificam vários estigmas, resumíveis no sentimento que ele tem de que seu mundo está acabando. A difusa consciência de que não há mais lugar para os seus privilégios confunde-se com a noção segundo a qual o universo chegou ao fim. Por isso Werneck se move no paraxismo e sua psicologia, como a de Abelardo, tem a tensão limítrofe dos heróis expressionistas. Só a vertigem lhe cria a sensação de vida e daí o jogo perigoso em que se lança a cada momento. Na festa alucinada que promove, e que termina em "curra", Werneck exclama: "Um momento! Sei lá se daqui a quinze minutos... vou levar um foguete russo pela cara. Estou dando adeus. Adeus à minha classe, ao meu dinheiro. Estou-me despedindo... Posso ser de repente uma Hiroshima. Hiroshima, eu. Eu, Nagasaki. Portanto, hoje vale tudo! tudo!". Na despedida, ele se refere à classe, como Abelardo raciocina em função da classe a que pertence. E a ausência de censura faz Peixoto, outra personagem de *Bonitinha, mas ordinária*, proclamar, numa espécie de catarse: "Não há ninguém que trepe na mesa e diga: – 'Eu sou um canalha!'. Pois bem, eu digo: 'Eu sou um canalha!'. Digo isso de boca cheia! Sou um canalha". Só Nelson e Oswald são capazes desse desnudamento perante o público.

Abelardo I, próximo da morte, não quer ouvir sinos – quer pagar tudo à vista. Ele não deseja nada de graça e sino é de graça... Na festa que iria culminar com a "curra" das meninas, em *Bonitinha, mas ordinária*, aparece Ritinha, irmã delas, para evitar o crime sexual. Werneck não tem outro argumento para levar adiante o seu propósito: "Mas eu pago!". A frase é repetida, como um estribilho, ou se converte em: "Eu dou dinheiro. Dinheiro grande!". Esses capitalistas conscientes e cínicos têm o culto do poder econômico, o qual basta, segundo eles, para silenciar quaisquer escrúpulos morais. Ao dar adeus à vida, metáfora de uma visão apocalíptica do mundo, Werneck se despede das suas empresas – não menciona a mulher ou outro ser vivo. Personagem de estrutura semelhante é o deputado Jubileu de Almeida, de *Perdoa-me por me traíres*, outra peça de Nelson. No *rendez-vous* de Madame Luba, ele procura apaziguar a sua tara com a inexperiente colegial Glorinha. Excita-o a situação nova e, para sentir-se homem, começa a dizer um ponto de Física. O deputado, que os jornais chamam de "reserva moral", não quer mais de dez minutos, ou cinco, para completar o ato imaginário. Ele promete um emprego para Glorinha, depois de aumentar a sua idade. "Te dou tudo, tudo..." – é a sua saída, para obter a satisfação anormal. A cena serve para ilustrar como o poder se liga à consciência culpada, que se absolve pela força corruptora do dinheiro. Os capitalistas de Oswald e Nelson sabem que as suas vantagens foram obtidas à custa de outros e assumem o seu papel sem iludir ninguém, nem a própria consciência.

Em *O rei da vela*, não só Abelardo I se define como personagem de Freud, mas Abelardo II aparece como seu alter-ego, numa nítida influência da terminologia psicanalítica. Nelson Rodrigues, como se sabe, constrói suas personagens com um corte tipicamente freudiano. *Vestido de noiva*, como estrutura dramática, é a projeção exterior do subconsciente de Alaíde, uma acidentada que falecerá no final da peça. De *Anjo negro* a *Senhora dos afogados* e finalmente a *Toda nudez será castigada*, a dramaturgia de Nelson está construída com base em personagens que fariam a delícia dos psicanalistas. Não seria possível, mais uma vez, considerar as criaturas de Nelson uma derivação das de Oswald, mas este teve a sorte de antecipar-se, também nesse prisma. Édipo confesso (*Um homem sem profissão*, o livro de memórias, tem como subtítulo *Sob as ordens da mamãe*), Oswald intuiu admiravelmente o conteúdo freudiano sobretudo de Abelardo I. Freud ainda não se tornara moeda corrente no Brasil, como se converteu logo depois, na década de 1940. Atenuando em seu teatro as implicações políticas, Nelson desenvolveu ao extremo a análise psicológica de suas personagens, numa chave freudiana. Outro sintoma dessa preferência está na concentração de taras, apresentada por Oswald em *O rei da vela*. Os quatro filhos do Coronel Belarmino, aristocrata decadente, têm nomes e comportamento buscados naquilo que se chama desvio: Heloísa de Lesbos, Joana (vulgo João dos Divãs) e Totó Fruta do Conde, no terreno sexual, e Perdigoto, beberrão e achacador. A força crítica de Oswald até se encontra nesse excesso significativo, tirado da concentração. *Álbum de família*, de Nelson, não mostra outro procedimento: acham-se na peça todas as combinações dos complexos freudianos fundamentais. Pai com filha, filho com mãe, irmão com irmã – uma concentração que foge, talvez, das conveniências realistas de verossimilhança, mas tira o seu alimento do exagero expressionista. Oswald poderia, para contraste, ter inventado um filho "normal" do Coronel Belarmino. Talvez fosse outro o resultado artístico. O excesso, com o objetivo de sublinhar um traço, leva à exaustão como característica. Nelson também não precisaria conceber numa linha freudiana todas as criaturas de *Álbum de família*. Se esse procedimento corre o risco de parecer caricatura, contém uma vantagem dela: o traço sublinhado, em vez de fugir da realidade, como que lhe capta e projeta a essência. Tanto os filhos do Coronel Belarmino como pais e filhos do *Álbum de família*, se não reproduzem um grupo humano real, simbolizam a realidade mais profunda que se esconde sob as aparências censuradas.

Muitas outras coincidências se observam na obra dos dois autores. No final de *O rei da vela*, logo que Abelardo I morre, já se ouvem os acordes da Marcha Nupcial, para celebrar o casamento de Heloísa com Abelardo II. Fica nítida a idéia de superposição de morte e Marcha Nupcial. O desfecho de *Vestido de noiva* é semelhante. Morre Alaíde e o som da Marcha Fúnebre se funde com o som da Marcha Nupcial, tocada para o casamento de Lúcia, sua irmã, com Pedro, seu marido. É idêntica a idéia de morte de alguém e casamento imediato da pessoa que lhe estava ligada com outro. No caso de Oswald, é Abelardo II alter-ego de Abelardo I, quem se torna marido de sua noiva Heloísa. De certa forma, Lúcia é o alterego de Alaíde e, antes do casamento desta com Pedro, ela fora sua namorada. A superposição de morte e matrimônio exprime também, nos dois autores, uma virulenta ironia, usada como arma crítica.

Outro pormenor me chamou a atenção, nessa série de coincidências entre os dois dramaturgos. Abelardo II conta que Abelardo I tinha mandado fazer um projeto de túmulo fantasmagórico, "com anjos nus de três metros". Já essa imagem pletórica é bem de Nelson, afeito por instinto à grandiloqüência. Mas, como "a casa ia mal há muito tempo", Abelardo I irá mesmo para a vala comum. Mais uma vez o destino irônico frustra até as elementares necessidades de compensação das personagens. Em *A falecida*, Nelson faz que Zulmira, a protagonista, procure compensar a frustração da vida inteira com um enterro de luxo. Por esse enterro, que a redimiria da miséria, ela se submete a quaisquer humilhações. O enterro de luxo, equivalente ao túmulo fantasmagórico com anjos nus de três metros, não se realiza, porém. O marido descobre o método utilizado por Zulmira para obter o dinheiro necessário e o esbanja, numa fúria vingativa. Como Abelardo I, Zulmira terá também um humilde caixão.

Muitas outras aproximações poderiam ser feitas entre Oswald e Nelson. Ambos têm o gosto da frase paradoxal e reveladora, em sua obra numerosos diálogos pertenceriam indiferentemente a um ou a outro. A estranha personalidade os levava a perseguir sempre uma essência fugidia, além dos dados objetivos oferecidos por uma realidade superficial. Caberia dizer que o teatro de Nelson, sob um certo prisma, é, em grande parte, o de Oswald sem o empenho político, ou o de Oswald é o de Nelson acrescido da análise marxista. Estaria a diferença assinalada pelo golpe do Estado Novo, em 10 de novembro de 1937? Ou era uma diferença de temperamentos? Não se pode esquecer que a década de 1930, até a implantação da ditadura de Getúlio Vargas, foi marcada pelas lutas políticas apaixonadas, com a intentona comunista de 1935 e a ascensão do integralismo, na esteira do nazismo e do fascismo. Oswald escreveu um teatro de choque, um teatro de tese, engajado na ideologia de esquerda. Nelson começou a produzir depois da vitória do Estado ditatorial. Não seria sem propósito interpretar sua dramaturgia como de uma ferocidade individualista que se apresentava como o único refúgio contra o ferrenho governo policial. A solidão permitia não compactuar com a censura e as exigências antiliberais. A rebeldia de Nelson se traduziu no vômito lançado à sociedade, quando ele pôs a nu todas as suas mazelas de fundo sexual. Sem exagero, Nelson realizou, no palco, a psicanálise do regime. E não foi sem razão que, durante muitos anos, mesmo depois do sopro liberal que sucedeu à derrubada da ditadura, a Censura interditou várias peças de Nelson. O poder de incomodar, não obstante a identificação de Nelson com as idéias vencedoras depois de 1964, é uma característica dos dois dramaturgos.

Personalidades fortes, Oswald e Nelson dificilmente poderiam entender-se, ainda mais que o temperamento os levou a posições políticas opostas. A primeira referência de Oswald a Nelson, porém, foi simpática. Escreveu ele, no jornal carioca *Correio da Manhã*, de 2 de fevereiro de 1944, sob o título *Renascimento do teatro*: "Quando mais nada se esperava do teatro nacional, estabilizado num atraso teimoso, pelo brilho, capacidade, e demais virtudes dos seus dirigentes e profissionais, ei-lo que ressurge numa inesperada forma sob o aspecto de tentativa de um grupo intelectual. Pelo esforço de um de seus líderes da *troupe* universitária daqui, o Sr. Lourival Gomes Machado, São Paulo irá em breve conhecer esses ótimos Comediantes, saídos da matriz fecunda de Alvaro Moreyra e que, com Santa Rosa e Brutus (Pedreira), acabam de dar aí no Municipal (refere-se Oswald ao Municipal do Rio), a prova multiforme da sua mestria. Não assisti *Vestido de noiva* de Nelson Rodrigues, a revelação da temporada. Mas conheci-o pessoalmente e, quando vejo um modernista preocupado com Shakespeare, sinto nele pelo menos um trabalhador que enxerga o seu caminho". Continua Oswald, a certa altura: "São Paulo espera o *Vestido de noiva* de Nelson Rodrigues".

A crônica *A temporada*, inserida na seção Telefonema do *Correio da Manhã*, em 29 de abril de 1948, segue a mesma expectativa simpática: "A temporada teatral deste ano prosseguirá aqui (São Paulo) com um importante acontecimento – a apresentação de Os comediantes de Santa Rosa. Eles mostrarão o já célebre *Vestido de noiva* de Nelson Rodrigues. Depois virão Dulcina e Odilon, ora na sua fase séria, oferecendo com grande êxito, ao que dizem, Bernard Shaw e Giraudoux. De repente revela-se no Brasil uma capacidade de compreensão dos atores, da crítica e do público, que não deixavam suspeitar as pachouchadas que alimentaram durante um século a nossa triste ribalta".

Já a crônica *Pra que censura?*, publicada em 29 de junho de 1949 (?), investe violentamente contra Nelson Rodrigues, incluindo até o incompreensível qualificativo de "fescenino" para *Vestido de noiva*. É a seguinte a íntegra desse Telefonema: "Uma das maiores provas do nosso baixo nível intelectual é a importância que assumiu no teatro destes últimos tempos o sr. Nelson Rodrigues. Gente de responsabilidade se deixou levar pelo fescenino *Vestido de noiva* entreaberto com que apresentou as polpudas coxas de sua imoralidade. Nem sabendo que o sr. Nelson Rodrigues é o folhetinista medíocre que usa o pseudônimo Suzana Flag, a crítica recolheu as orelhas de asno com que saudou sua estrepitosa aparição. Estrepitosa por causa da montagem que lhe deram Os comediantes e da facilidade de se compreender através de alguns sustos cênicos uma simples notícia de jornal que foi seu primeiro enredo. Não serei eu quem vá querer moralizar seja o teatro, seja o sr. Nelson Rodrigues. Atingi bastante displicência na minha longa carreira ante aberrações de qualquer natureza. Sou apenas inimigo da completa parvoíce literária do autor de *Álbum de família*. Não há uma frase que se salve em todo o cansativo texto de seus dramalhões. De modo que incomodar gente séria e ocupada para censurar mais uma grosseira patacoada do Sr. Nelson Rodrigues é abracadabrante".

A última manifestação de Oswald sobre Nelson investe contra idéias que este expunha e continuou sempre a defender, e só se pode tomar como espirituoso paradoxo. Na verdade, Nelson sempre primou por exprimir, com brilho literário invulgar, conceitos que fogem ao mais elementar senso comum. Em *O analfabeto coroado de louros*, crônica divulgada no *Correio da manhã* de 8 de junho de 1952, Oswald não poupou os princípios puritanos de Nelson, aproveitando-se da oportunidade para atingir também sua dramaturgia.

O analfabeto coroado de louros é do seguinte teor: "As ferraduras mentais do Sr. Nelson Rodrigues trotaram longamente pelo 'asfalto é nosso' de uma revista que desde a capa traz um tom laranja que não engana. Trata-se evidentemente de um comício laranja onde só ele zurra os seus maus sucessos e enche de invectivas as páginas mornas daquele repositório comportado de opiniões parlamentares, tímidas conversas moles sobre a Rússia e história do namoro de Bernard Shaw com Sarah Bernhardt. Nunca em minha vida li um documento de insânia tão descosido, intempestivo e bravio. Não há lógica de louco que consiga acompanhar esse disco voador da besteira pelos corcovos, carambolas e girândolas em que se desagrega e pulveriza. É melhor documentar que comentar. O alarve que escreveu *Álbum de família* declara-se 'espiritualista e antidivorcista'. Raciocina ele assim: – 'Se a gente tem um pai só, por que não há de ter uma mulher só?'. Depois, num assomo de reacionarismo diz que o homem de Marx é um homem inexistente. Está claro que a Rússia não existe. Certo como está de que não atingiria a imortalidade aqui na terra, com sua coleção de torvas tolices espetaculares, opta sabiamente pela imortalidade da alma. Só assim poderá ele sobreviver. O caso Nelson Rodrigues demonstra simplesmente os abismos da nossa incultura. Num país medianamente civilizado, a polícia literária impediria que sua melhor obra passasse de um folhetim de jornalão de quinta classe. Mas não temos nem crítica nem críticos. E o caos, trazido pela revolução mundial que se processa sobre todas as formas, permitiu que qualquer fístula aparecesse em cena vestida de noiva. À alta costura de Ziembinski, Santa Rosa conseguiu que se consumasse a façanha teratológica. Daí por diante, o insano ficou impossível. Veio o *Álbum de família* e agora, num bom aceno de sã consciência, ele confessou que há mau gosto em seu teatro. Como se outra coisa houvesse! Guiado pela mão caridosa do Sr. Tristão de Ataíde, vamos ver o monstro contrito subir para o Céu como num fim de mágica. Já crê em Deus e nos conventos e declara que 'a única solução para o problema sexual é a castidade'. Patetamente declara: 'O homem que não compreende a grandeza de um convento não compreende nada!'. Se o Sr. Nelson Rodrigues não fosse um taradão ilustre, mas de poucas letras, pensaríamos que se pudesse tratar de um conceito de Aretino. Mas estamos certos de que nem dessa piada ele é capaz. Quem foi Aretino, Sr. Nelson?".

Sejam quais forem os motivos e os resultados da polêmica, Nelson teve a sorte que faltou a Oswald: *Vestido de noiva* foi encenada em 1943 por Ziembinski, diretor polonês que chegou ao Brasil fugindo da guerra. Ziembinski e mais tarde, a partir de 1948, alguns italianos mudaram a tônica do nosso teatro, que passou a pertencer ao encenador. Tanto na década do movimento modernista como na de 30, a hegemonia do nosso palco estava nas mãos dos atores. Leopoldo Fróes e Procópio Ferreira eram os astros maiores daquele tempo, que conheceu a figura do ensaiador, mas não a do encenador, como existia na Europa desde fins do século XIX. Abelardo I é um excelente papel para um grande intérprete, mas está no meio de idéias e preocupações que exigem a coordenação de um diretor. A perspectiva única do intérprete não abarca o universo completo de *O rei da vela*. E *O homem e o cavalo* e *A morta* são peças que dependem quase totalmente do encenador. Compreende-se, por isso, também desse prisma, que o teatro de Oswald estava adiantado, em relação ao estádio que atravessava o palco brasileiro. Se ele tivesse escrito peças em função dos primeiros atores, como era norma na dramaturgia corrente da época, talvez chegasse ao público. *O rei da vela* assustava a pacata ideologia vigente e os outros textos fugiam às possibilidades práticas das companhias. O teatro de Oswald pedia a encenação e não apenas o primeiro ator. Daí a sua rica solidão numa época sem grandes peças nacionais.

Ziembinski encontrou-se com Nelson Rodrigues, por causa de seu expressionismo e dos numerosos efeitos de luz que *Vestido de noiva* proporcionava. A estréia da peça, pelo grupo de Os comediantes, foi uma coincidência feliz, porque mostrava ao público brasileiro o que era a encenação, e com um texto nacional. Mas ou porque não dispúnhamos ainda de uma dramaturgia orgânica, ou porque os encenadores estrangeiros se sentiam mais à vontade com obras européias e norte-americanas, o período em que eles dominaram foi também o de ausência de textos nacionais. A hegemonia do encenador, fenômeno típico das décadas de 1940 e 1950, caracterizou-se pelo ecletismo do repertório, mas escolhido quase sempre fora do Brasil. E não é de espantar que isso tenha sucedido: imbuídos da cultura européia, na qual se formaram, os jovens diretores italianos estavam começando a realizar, entre nós, o que o caótico período de pós-guerra impedia que fosse feito na Europa. O Teatro Brasileiro de Comédia importou sucessivamente, a partir de 1948, Adolfo Celi, Luciano Salce e Flaminio Bollini Cerri. Ruggero Jacobbi já se encontrava entre nós e, tendo assinado poucas direções de mérito indiscutível, tornou-se, porém, um dos mais sérios conhecedores da nossa dramaturgia. Seus ensaios sobre Martins Pena e Gonçalves Dias, sobretudo, estão entre o que produziu de melhor a crítica teatral brasileira (em *Goethe, Schiller, Gonçalves Dias*, edição da Faculdade de Filosofia da Universidade do Rio Grande do Sul, 1958, e *Teatro in Brasile*, nº 18 da Coleção Documenti di Teatro, Cappelli editore, Bologna, 1961). A evolução de Celi, Salce e Bollini – os mais talentosos encenadores italianos que vieram colaborar conosco, de início – deu-se no plano de sua cultura original, sem influência marcada do Brasil. Por não se terem integrado totalmente no nosso meio, talvez, é que eles acabaram retornando à Itália. Celi se sentia bem com uma teatralidade vigorosa, de efeito seguro sobre a platéia. Dificilmente um espetáculo seu não alcançava sucesso de público. Salce era um temperamento poético e sutil, que cedo se incompatibilizou com o País, em conseqüência de uma polêmica provocada pela má acolhida de críticos do Rio à sua montagem de *A dama das camélias*, de Alexandre Dumas Filho. Bollini se manteve em constante contato com a Europa, enquanto trabalhou conosco, e depois de um início em que subordinava o desempenho ao ritmo férreo que havia imposto, foi o primeiro encenador a realizar, com *A alma boa de Setsuan*, estreada em 29 de agosto de 1958 no Teatro Maria Della Costa (não mais no TBC), a primeira montagem verdadeiramente brechtiana em São Paulo. Nesse quadro, não houve lugar para Nelson Rodrigues e muito menos para Oswald de Andrade. *Senhora dos afogados*, de Nelson, chegou a entrar em ensaios, no TBC, mas o gosto europeizado do elenco não se sentiu bem com as características tropicais do texto, aliás uma paráfrase de *Mourning becomes Electra*, de O'Neill. Abílio Pereira de Almeida foi o único autor brasileiro de sucesso, no esquema inaugurado pelo TBC, porque dramatizava os problemas, a ideologia e a moral do público burguês de São Paulo. Imagino o escândalo que provocaria uma encenação de *O rei da vela* na década de 1950, no TBC, quando a platéia estava acostumada a receber apenas um puxão de orelhas de Abílio, por causa de seus desmandos morais, que não afetavam o seu fortalecimento econômico. O teatro de Oswald, agressivo e desmascarador, era incompatível com a mentalidade refletida pelo TBC.

A fase da hegemonia do encenador, supondo um cuidado semelhante no elenco, na cenografia e na indumentária, independentemente do significado do texto, se aproximava do chamado bom gosto burguês, que não aprovava o teatro de Nelson e não aprovaria, muito menos, o de Oswald. Embora escrevesse para encenadores de talento, Oswald continuava, nas décadas de 1940 e 1950, fora do universo dos diretores estrangeiros que atuaram entre nós. Ruggero reconheceu o seu mérito e se dispôs a montar uma de suas peças, mas a vida atribulada que levou no Brasil não era a mais propícia para uma iniciativa dessa envergadura. O diretor belga Maurice Vaneau, conhecido pela montagem de *Barrabás*, de Ghelderode, no Teatro Nacional de seu país (levada no desaparecido Teatro Santana de São Paulo em 1954), e os italianos Gianni Ratto e Alberto D'Aversa, vindos para São Paulo no mesmo esquema dos anteriores (Ratto contratado pelo Teatro Popular de Arte, de Maria Della Costa e Sandro Polloni), não poderiam modificar as características do nosso teatro. De todos esses nomes, quem mais se identificou com a dramaturgia brasileira foi Gianni Ratto, responsável por montagens que se tornaram históricas, entre as quais a de *A moratória*, de Jorge Andrade (1955), *O mambembe*, de Artur Azevedo (1959) e *Se correr o bicho pega, se ficar o bicho come*, de Oduvaldo Viana Filho e Ferreira Gullar (1961). As linhas tchecoviana e da *Commedia dell'Arte*, que se amalgamam no temperamento de Gianni Ratto, não são contudo as que proporcionariam um encontro de sensibilidade com o teatro de Oswald. Por um motivo ou por outro, como se vê, era compreensível que as três peças de Oswald continuassem inéditas na fase da hegemonia do encenador estrangeiro.

Afirmaram-se simultaneamente, em nosso palco, o encenador e o dramaturgo nacionais. Os jovens brasileiros puderam aproveitar os ensinamentos dos diretores europeus. E sua forma de impor-se estava ligada a uma nacionalização do teatro, em todos os seus elementos. Era necessário encontrar um estilo brasileiro na dramaturgia, na encenação e no desempenho. O grupo que mais conscientemente se entregou a essa tarefa foi o Arena de São Paulo (fundado por José Renato), que transformou a preocupação em plataforma estética, sobretudo a partir da estréia de *Eles não usam black-tie*, de Gianfrancesco Guarnieri, em 1958. Sob a liderança de Augusto Boal, que animou o Seminário de Dramaturgia, começaram a surgir jovens autores, cujo objetivo principal era explorar o Brasil, em todas as suas dimensões e latitudes. Da fornada do Arena saíram, além de Guarnieri e Boal, entre outros, Oduvaldo Viana Filho, Chico de Assis e Nelson Xavier. Passamos à hegemonia do autor nacional, que não só não assustava os empresários, mas se tornou atração de bilheteria. Em sua última fase, o próprio TBC incluiu em seu programa o lançamento de obras brasileiras significativas: *O pagador de promessas*, de Dias Gomes, e *A semente*, de Gianfrancesco Guarnieri, dirigidas por Flávio Rangel. Os vários conjuntos em que se desdobrou o TBC – a Cia. Nydia Lícia-Sérgio Cardoso, Teatro Cacilda Becker, Cia. Tônia-Celi-Autran, Teatro dos Sete e mesmo o Teatro Popular de Arte (Maria Della Costa pertenceu certo tempo a seu elenco) – prestigiaram o autor nacional e não cabia mais discutir o problema como se não dispuséssemos ainda de uma dramaturgia. Consolidada a presença do autor nacional, impunha-se definir uma política de público.

Se está comprovada a linha que vai de Oswald a Nelson, nunca se duvidou da importância do desbravamento feito por Nelson para as gerações posteriores. Os dois planos (presente e passado) de *A moratória*, de Jorge Andrade, estreada em 1955, talvez não tivessem existido, sem a divisão anterior de *Vestido de noiva* em três planos (realidade, memória e alucinação). Em *Os ossos do barão*, Jorge Andrade fixa a aliança do imigrante italiano em ascensão econômica com uma paulista de quatrocentos anos em dificuldades financeiras, como Oswald havia promovido o casamento, em *O rei da vela*, do burguês enriquecido com uma representante da aristocracia rural em decadência. Ariano Suassuna, outro nome que se impôs, aproveitou sem dúvida a liberdade formal trazida por Nelson, ligando o populário nordestino à tradição européia do teatro religioso medieval e sobretudo do auto vicentino. Guarnieri foi o primeiro dos nossos dramaturgos a fixar, em *Eles não usam black-tie*, o conflito urbano da luta de classes – tema que já havia seduzido Oswald, como se viu na análise do manuscrito inacabado e sem nome. O próprio Augusto Boal, que se distinguiria na década de 1960 pela elaboração do Sistema Curinga, concebido para servir a uma dramaturgia essencialmente política (o Arena apresentou, sob sua direção e de sua autoria, com Guarnieri, *Arena conta Zumbi* e *Arena conta Tiradentes*), sofreu, no início de sua carreira, uma forte influência de Nelson Rodrigues, visível até na permanente utilização de incestos e de temas sexuais (Nelson, de brincadeira, costumava afirmar que Boal era um bom dramaturgo, quando copiava os seus defeitos). Plínio Marcos, que construiu uma obra orgânica, a partir de *Dois perdidos numa noite suja* e *Navalha na carne*, não escondia a sua admiração por Nelson, embora insistisse na crítica social. Mesmo que os nossos dramaturgos, na fase de formação, não tenham conhecido Oswald, pode-se estabelecer, sem gratuidade e através da influência de Nelson, uma linha que nasceu dele e se prolonga até Plínio Marcos e nomes mais recentes. Oswald está, sem dúvida, na origem da dramaturgia brasileira moderna.

Por que o Oficina foi o primeiro a encená-lo? O terreno é o das hipóteses, mas não parece difícil encontrar uma explicação aceitável. Oswald era um encontro quase obrigatório no itinerário cumprido pelo conjunto. O caminho do Arena se antecipou em parte ao do Oficina e os dois se confundiram, numa certa fase, mas não havia lugar para Oswald no programa do primeiro. O período do autor nacional, no Arena, esteve inicialmente ligado a uma aproximação realista dos problemas, metodizada sobretudo pelas teorias de Stanislávski. Nos Estados Unidos, o Actors' Studio havia, depois do Group Theatre, procurado exprimir, através do desempenho, um realismo específico norte-americano. Augusto Boal conheceu, em Nova Iorque, os resultados dessa pesquisa, e a aproveitou nos "laboratórios" desenvolvidos no Arena. As melhores montagens dessa fase do grupo incluíam também um gesto e uma prosódia brasileiros, pois só através deles se conseguia exprimir a verdade profunda dos textos. Afirmado o dramaturgo nacional e de certa maneira esgotada essa fase, o Arena voltou-se para a nacionalização dos clássicos. As verdades que se mantiveram intactas em suas obras passavam a adquirir nova ressonância com o nosso meio. O Arena julgou válido até modificar o original, para afeiçoá-lo aos seus propósitos políticos. A última parte de *O melhor juiz, o rei*, de Lope de Vega, na adaptação de Boal, Guarnieri e Paulo José, tornou-se brilhante como idéia, embora não se conservasse o teor literário da obra castelhana. Em Lope, o camponês apela para o rei e este castiga o nobre que havia abusado de suas prerrogativas. A peça colaborava para consolidar o poder absoluto do rei, contra a fragmentação do mando dos senhores feudais. Na versão empenhada em outros termos do Arena, o camponês, em face da irresolução do monarca, toma as suas vestes e, como se fosse ele, promove a justiça que não o socorrera. É o próprio camponês que, utilizando as suas mãos, conquista o que não lhe dão de bom grado. O engajamento político logo levou o elenco a absorver a teoria do teatro épico de Brecht, o melhor sistema para uma dramaturgia didática e dialética. *Arena conta Zumbi* foi o primeiro ensaio nesse caminho, um pouco prejudicado pelo maniqueísmo mas de grande efetividade teatral. O texto de Boal e Guarnieri se fundia muito bem na música de Edu Lobo, e o episódio da luta dos negros rebelados refletia, à distância, a luta brasileira contra o imperialismo estrangeiro. *Arena conta Tiradentes* desenvolveu o Sistema Curinga, elaborado por Boal – derivação do método brechtiano do "afastamento", adaptado à realidade brasileira e aos problemas econômicos do grupo. Quando esse tipo de parceria de Boal e Guarnieri, com a colaboração de um músico, mostrou sinais de cansaço, Boal partiu para a teorização e a prática do *Teatro-Jornal*, que havia conhecido um antecedente, na década de 1930, nos Estados Unidos, com o *Living Newspaper*. Estava Boal em pleno processo criador quando, em conseqüência de uma prisão, teve de ausentar-se do País. Até que interrompesse sua fecunda colaboração com o teatro brasileiro, porém, Boal desenvolveu um trabalho orgânico, em que uma experiência já trazia a seguinte. O itinerário do Arena, desde fins da década de 1950 até 1970, se confundiu com a sua inquietação pessoal, que representava a procura de um dramaturgo e de um teórico da montagem. As influências dos sistemas de Stanislávski e de Brecht não desfiguraram a coerência interna de um realizador original, que pôde continuar as pesquisas por dispor de uma casa de espetáculos. A trajetória do Arena se confunde em grande parte, assim, com a evolução pessoal de Boal, sem se diminuir por isso o importante concurso sobretudo de Guarnieri. O Arena marcou a nossa paisagem teatral por ser um teatro de dramaturgos, em permanente trabalho criador. O caminho desse grupo de autores dispensava, sem dúvida, a contribuição de outros nomes. Sem se transformar numa "panela", o Arena não encenou autores brasileiros expressivos, cuja linha dramática não era semelhante à sua. Dentro do processo interno do Arena, não houve lugar para Oswald.

A evolução do Oficina mostrou paralelismo com a do Arena, embora mantivesse características distintas, que o levaram, entre outras coisas, a montar *O rei da vela*. A meu ver, a diferença essencial entre o Arena e o Oficina veio da circunstância de que José Celso Martinez Corrêa, depois de haver escrito *Vento forte para papagaio subir* e *A incubadeira*, desistiu de realizar-se como dramaturgo, aplicando-se, até a experiência de criação coletiva denominada *Gracias, señor*, apenas como encenador. De parceria com Boal, José Celso adaptou também para a cena *A engrenagem*, de Sartre. *José, do parto à sepultura*, peça de Boal, foi montada no Oficina, embora sob a direção de Antônio Abujamra. Os caminhos dos dois homens de teatro prosseguiam paralelos, até na evolução dos métodos de montagem. José Celso e o Oficina, no começo da década de 1960, empenharam-se no aprofundamento do Sistema de Stanislávski, com a colaboração do ator Eugênio Kusnet. O estudo foi produtivo, porque resultou na encenação de *Pequenos burgueses*, de Górki, sem dúvida o mais perfeito espetáculo na linha do realismo psicológico realizado no Brasil. O Oficina sofreu, a seguir, a mesma influência de Brecht por que passou o Arena, e espetáculos como *Andorra*, de Max Frisch, e *Os inimigos*, de Górki, fundiam os métodos de Stanislávski e do "estranhamento" brechtiano. Foi a partir dessa fase que os dois elencos se afastaram: enquanto o Arena aprofundou, em termos brasileiros, o método de Brecht, transformado no Sistema Curinga, o Oficina continuou aberto aos ventos que agitavam a cultura nacional. A montagem de *O rei da vela* surgiu, em 1967, como uma assunção tropical do Brasil – um grito de revolta contra a estagnação da nossa cultura, um desabafo para não identificar-se com o "imenso cadáver gangrenado" que lhe parecia ser o País. O Oficina encenou *O rei da vela* para protestar contra a realidade de um Brasil de 1967 idêntico ao de 1937.

A experiência com Oswald permitiu ao Oficina mostrar o Brecht extremamente racional de *Galileu Galilei* com uma flexibilidade bastante brasileira – um Carnaval que rompia a rigidez das digressões científicas em termos do nosso trópico. E a exumação do Brasil, feita em *O rei da vela*, preparou o agudo e pungente exame de consciência do próprio Oficina, na montagem de *Na selva das cidades*, do jovem Brecht. José Celso aproveitou a terrível luta final entre os protagonistas da peça para desenterrar todas as fases do elenco. Do ringue em que se transformou o palco do Oficina, armado entre as duas platéias convergentes, iam saltando pedaços do passado, para o encontro da nova personalidade e a saída na aventura de uma vida imprevista e autêntica. O Oficina, sufocado pelas restrições impostas à liberdade criadora, reencontrava a "re-volição", que o conduziria a uma fecunda viagem até o norte do país, na temporada de 1971. Já em Brasília e em Mandassaia, no interior de Pernambuco, o elenco apresentou a sua criação coletiva, que, reformulada, estrearia em fevereiro de 1972 no Teatro Tereza Rachel do Rio, com o título de *Gracias, señor*. No amálgama de textos que compõem esse trabalho, tem importância fundamental não mais *O rei da vela*, mas outra obra revolucionária de Oswald – o romance *Serafim Ponte Grande* (terminado em 1928, embora publicado em 1933), anterior às peças da década de 1930. Oswald continuava presente, em mais uma tentativa do grupo que exprimiu a nossa melhor vanguarda, na década de 1960. Em todas as suas encenações mais felizes, José Celso, aplicando-se na exegese de textos de outros dramaturgos, levava às últimas conseqüências a autoria do espetáculo. A descoberta de Oswald proporcionou-lhe uma adesão decisiva à realidade brasileira. Oswald apontou-lhe a essência do momento histórico atravessado em 1967 e nos anos seguintes.

Afirmar que o mais criativo conjunto brasileiro da década de 60 realizou o seu primeiro espetáculo de ruptura e talvez a sua mais original montagem com *O rei da vela* significa trazer Oswald para os nossos dias. As comemorações do cinqüentenário da Semana de Arte Moderna de 1922, que o tornaram clássico, não conseguiram embalsamá-lo numa redoma de bom comportamento e de um processo histórico terminado. Oswald continua a incomodar, como se fosse um jovem revolucionário escrevendo na atualidade. Muitas de suas descobertas estilísticas foram assimiladas pela literatura contemporânea, mas o descarnamento conserva vivo o seu diálogo. Descontada a ingenuidade de certas crenças políticas, as idéias sociais que proclamou e defendeu continuam a motivar os que anseiam por um mundo melhor. O diretor franco-argentino Victor Garcia, responsável pelas encenações brilhantes de *Cemitério de automóveis*, de Arrabal, e *O balcão*, de Genet, encantou-se com *O homem e o cavalo*, e concebeu um espetáculo grandioso. A Censura liberou na época o texto, com o corte do sétimo e do oitavo quadros – *A verdade na boca das crianças* e *O estratoporto* – e de mais algumas falas e rubricas. O sacrifício seria demasiado, amputando a peça de diálogos essenciais, além de só ser dado um veredicto definitivo depois do exame dos ensaios. Era grande o risco de uma montagem nessas condições e o resultado artístico estaria inevitavelmente prejudicado, com os cortes impostos. A solução, naquele momento, foi desistir do projeto. A encenação de *O homem e o cavalo*, finda a ditadura, anunciava a chegada de um Brasil livre e adulto.

DADOS DO AUTOR

Sábato Magaldi nasceu em Belo Horizonte, em 1927. Foi crítico teatral de vários jornais e revistas. Professor titular de Teatro Brasileiro da Escola de Comunicações e Artes da Universidade de São Paulo, onde se tornou Professor emérito, lecionou, durante quatro anos, nas Universidades de Paris III (Sorbonne Nouvelle) e de Provence, em Aix-en-Provence. Membro da Academia Brasileira de Letras.

Autor dos seguintes livros:
Panorama do Teatro Brasileiro (5ª edição, São Paulo, Global, 2001).

Temas da História do Teatro (Porto Alegre, Curso de Arte Dramática da Faculdade de Filosofia da Universidade do Rio Grande do Sul, 1963).

Aspectos da Dramaturgia Moderna (São Paulo, Comissão de Literatura do Conselho Estadual de Cultura de São Paulo, 1963).

Iniciação ao Teatro (6ª edição, São Paulo, Ática, 1997).

O Cenário no Avesso (2ª edição, São Paulo, Perspectiva, 1991).

Um Palco Brasileiro – o Arena de São Paulo (São Paulo, Brasiliense, 1984).

Nelson Rodrigues: Dramaturgia e Encenações (2ª edição, São Paulo, Perspectiva, 1992).

O Texto no Teatro (São Paulo, Perspectiva, 1999).

As Luzes da Ilusão, com Lêdo Ivo (São Paulo, Global, 1995).

Moderna Dramaturgia Brasileira (São Paulo, Perspectiva, 1998).

Cem Anos de Teatro em São Paulo, parceria de Maria Thereza Vargas (São Paulo, Senac, 2000).

Depois do Espetáculo (São Paulo, Perspectiva, 2003).

Teatro da Obsessão: Nelson Rodrigues (São Paulo, Global, 2004).

Teatro da Ruptura: Oswald de Andrade (São Paulo, Global, 2004).

ÍNDICE

Experiência inicial 7
As peças em francês 35
O rei da vela 66
O homem e o cavalo 110
A morta 141
Oswald, Nelson e um Brasil adulto 160
Dados do autor 179

GRÁFICA PAYM
Tel. (011) 4392-3344
paym@terra.com.br